茨城は こうして 変わった

幸福度No.1プロジェクトの舞台裏

Ibaraki Prefecture Strategy Book

松原孝臣 執筆　茨城県 取材協力

KADOKAWA

第2次茨城県総合計画～「新しい茨城」への挑戦～
<主要指標等実績一覧>

（2023.6末時点）

いばらき幸福度指標	全国10位(2022)

新しい豊かさ

指標名	実績（ここがすごい！）
県外企業立地件数	6年連続全国1位（2022:40件）
工場立地件数	全国2位（2022:60件）　全国2位（2021:51件） 全国1位（2020:65件）
工場立地面積	全国1位（2022:116ha）
生産農業所得（販売農家1戸あたり）	全国10位（2021:393万円）
荒廃農地再生面積	全国1位（2016～2021:4,382ha）
森林経営の集約化面積	約7倍に増加（2017→2022）
フードロス削減量	いばらきフードロス削減プロジェクト （2020:0トン→2022:30トン）

新しい安心安全

指標名	実績（ここがすごい！）
医学部入学定員における地域枠設置数	全国3位 ※本県調査（2023:67名）
医学生向け教育ローン利子補給金	全国初（都道府県:2019～）
「小児マル福」の入院対象者	高校3年生まで（全国で6県のみ）
認知症の人にやさしい事業所認定数	本県独自の認定制度創設 （2022～2023累計:1,608事業所）
不法投棄発生件数	約6割減少（2020:197件→2022:87件）

新しい人財育成

指標名	実績（ここがすごい！）
第3子以降の3歳未満児の保育料	完全無償化（全国9県のみ）
県の結婚支援事業 （いばらき出会いサポートセンター）による 会員登録数、お見合い・交際件数	約3倍に増加（AIシステム導入以降）
パートナーシップ宣誓制度	全国初（都道府県）
政策方針決定過程に参画する女性の割合 （県審議会等における女性委員の割合）	6年間で3割増加（2017.3→2023.3）
1時間当たりの労働生産性	全国3位（2019：5,503円）

新しい夢・希望

指標名	実績（ここがすごい！）
本県情報のメディアへの掲載による 広告換算額	5年間で3倍に増加 （2016:51億円→2021：158億円）
農産物の輸出額	6年間で10倍に増加 （2016：1.3億円→2022：13.2億円）
ベンチャー企業が行った資金調達件数	3倍に増加 （2020まで：2件/年→2022：6件/年）
本県の転入超過数	2年連続転入超過 （2021:2,029人、2022：460人）

挑戦する県庁への変革

指標名	実績（ここがすごい！）
課長級以上の職員に占める女性職員割合	6年間で2倍に増加（2016→2022）
時差出勤の選択制	全国2位（選択肢13パターン）
電子化推進度ランキング	全国1位（2020） ※日経グローカル（日本経済新聞社）調査
男性職員の育児休業取得率	全国10位（2021:59.4%）
障害者雇用率	全国５位（2022:3.2%）

はじめに

人はどのようなイメージを茨城県に抱いているのだろう。

茨城県から思い浮かべるのは何だろうか。

「納豆」や「水戸黄門」？　豊富な農産物？　ＪＡＸＡ（宇宙航空研究開発機構）の筑波宇宙センターなどがある筑波研究学園都市を思い浮かべる人もいるかもしれない。

そんな茨城県がしばしばメディアをにぎわせたトピックがある。

とある都道府県魅力度ランキングで２０１３年から7年連続で最下位であったことだ。２０２1年に再び最下位となり、２０２2年に46位になると、最下位を脱出したことが話題にもなった。

ただそうした結果にも、ポジティブではないイメージを抱かれても、茨城県に住む人は気にしてないようにも思える。とりたてて反論するわけでもなく、淡々と受け止めている印象がある。

そこから推測されるのは、茨城での暮らしに大きな不満がないことだ。

実際、先に記したランキングは「印象」に基づいた限定的な意味合いしか持たない。一方、より具体的な根拠に基づいた「※全47都道府県幸福度ランキング2022年版」(一財)日本総合研究所)では14位だ。茨城の人々の印象と照らし合わせても、こちらのほうが現実を反映しているように思える。際立った個性を感じさせない面もおそらくはあるものの、近年それを覆すような出来事が続いているのだ。

いくつもの指標で、茨城県が1位になったものがある。茨城県の取り組みが都道府県の中で「初」のものがある。

それらがこの数年で次々と生まれたということは、単なる偶然ではないのかもしれない。

取材を進めると、その推測は誤りではないことがわかった。

茨城県は産業、農業、教育、さまざまな分野で変革が起こっていた。今まさに、「日本一」を、いや「世界」を目指して、本気の取り組みが進められていた。長年、変化を望まなかったようにも思える茨城県は、**なぜ今、変化を起こしているのか**。その取り組みを探っていきたい。

※「仕事」「教育」「健康」など計80の指標をもとに都道府県の幸福度をランキングしたもの。

目次

第2章

所得600万円以上も続々!
「農業」プロジェクト

第3章

画一教育から才能を伸ばす教育へ!
「教育」プロジェクト

第4章

日本で一番幸せな県を目指して「幸福度No.1」プロジェクト

Staff
デザイン／松山千尋
DTP／NOAH
校正／小倉優子

・本書に記載の情報は2023年8月現在のものです。
・出典の記載がない資料については茨城県調べによるものです。

序章

日本が直面する課題を
茨城が解決する

人口減少は何をもたらすのか

総務省が発表した2022年10月1日現在の人口推計によると、日本の総人口は1億2494万7000人で前年に比べ55万6000人減少しており、これは12年連続での減少である。

内閣府の資料によれば、2035年には総人口1億1664万人と1億2000万人を下回り、そして2060年には9615万人と、1億人を下回るとされている。

内訳をみれば、2045年ごろまで65歳以上の人口はおおむね増え続けるのに対して、経済活動の主たる担い手である「生産年齢人口」にあたる15～64歳は一貫して減少を続ける。しかも2030年以降は、1年ごとに70、75、80万人……と減少幅も大きくなっていくのだ。

そのため、2020年を起点として2050年の推計と比較すると、実に2000万人以上の減少となる。

日本の高齢化の推移と将来推計

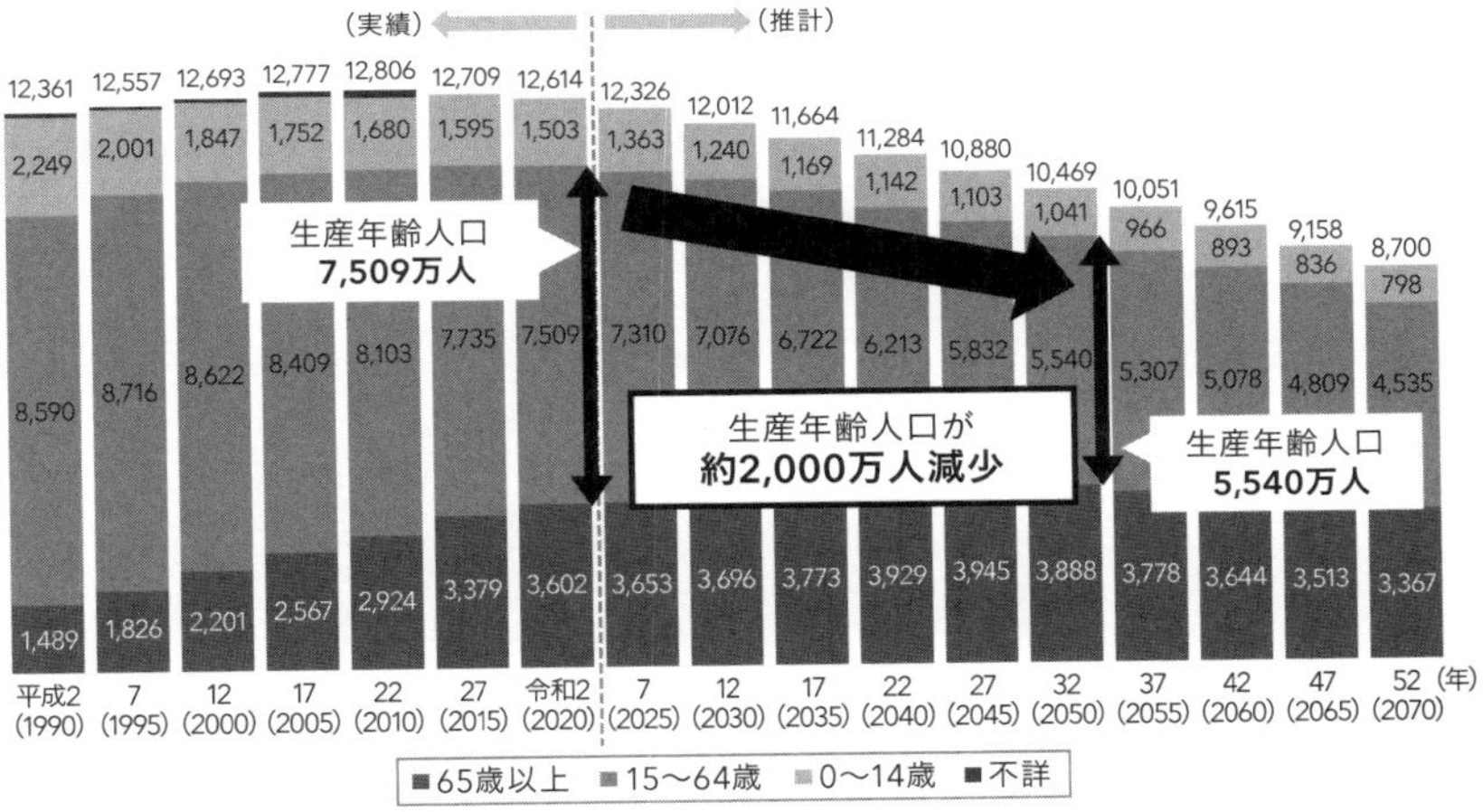

	2020年 (A)	2050年 (B)	30年間の減少数 (B−A)	1年当たり平均 (B−A)/30
総人口	1億2,615万人	1億469万人	**▲2,146万人**	**▲72万人**
うち生産年齢人口 （15～64歳）	7,509万人	5,540万人	**▲1,969万人**	**▲66万人**

出典：内閣府　令和5年版高齢社会白書（全体版）

人口減少の大きな要因は少子化だ。

２０２３年6月2日に厚生労働省が発表した人口動態調査の概数によれば、出生数は過去最少を更新し77万７４７人。80万人を割った。

国立社会保障・人口問題研究所が２０１７年に発表した「日本の将来推計人口」では、出生数が80万人を割るのは２０３３年としていたから、それよりも11年早かったことになる。

少子化が加速していることがうかがえる。

これは今に始まったことではなく、少子化対策は数十年前から重要なテーマであると指摘され、政府も対策を打ち出そうとしているが、人口減少を食い止めるには遅きに失した感は否めない。

生産年齢人口の減少は**労働力不足、国内需要減少とそれに伴う経済規模の縮小**など、実にさまざまな影を投げかけることになる。

例えば農業。現在でも農家の高齢化、後継者がいないこと、農業従事者の人手不足が問題となっているのに、人口減少によってそれが加速することは必至だ。

作り手だけではない。人口減少は消費者の減少も意味するから、これまでのように作物が売れるわけではない。市場は縮小していく。

これはもちろん農業以外のあらゆる産業においても同様だ。

今でも人手不足に悩む業種は数多いが、働き盛りと言われる世代がさらに減っていけば、雇用における問題はさらに大きくなる。

そして農業と同様に、需要が減っていく未来が待ち受けている。

〝今のまま〟ではいられない時代がやってくるのだ。

経済の長期停滞

バブル以前の日本は、ときにオイルショックなどに見舞われたにしても、1960年代には世界でも際立った高度経済成長を示し、その後も安定した成長期のもとにあった。

しかしバブル後はそれがうそのような経済状況にある。

経済が再生しないまま時は過ぎ、しばしば言われる「失われた30年」は、このままだと**「失われた40年」**になるという声も出るほどだ。今なお経済が停滞していることが、出口が見えない現在を表している。

日本経済の停滞は、さまざまな指標にも見て取れる。例えば国民1人あたりの名目GDPだ。

1995年、日本は2万3866ドルで経済開発協力機構（OECD）加盟国中6位であった。ところが2021年には4万3595ドルで24位とその地位を大きく下げている。

主要国の1人あたり名目GDPの順位

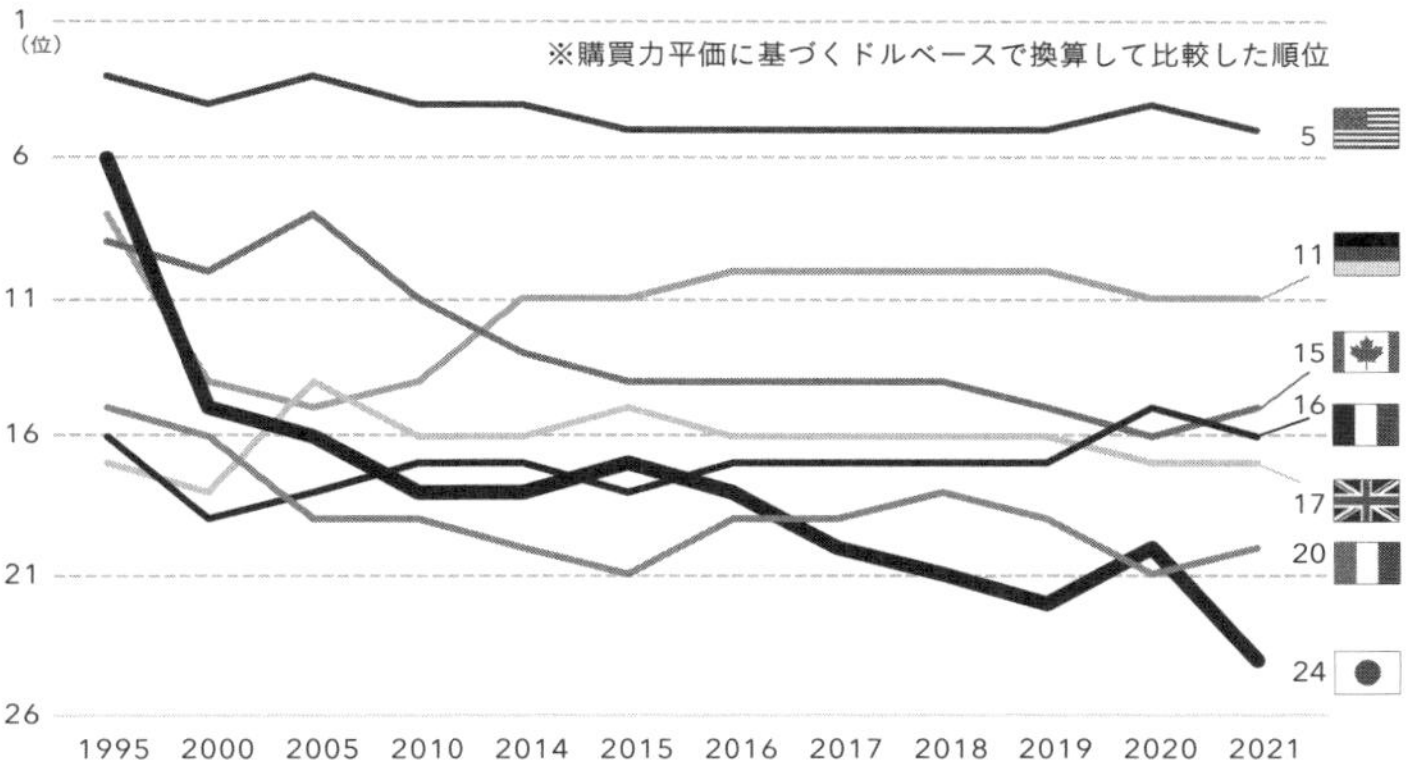

出典：公益財団法人　日本生産性本部の資料等を基に作成

別の指標も見てみよう。

OECDによる国民平均賃金では、日本は25位、4万1509ドル。この指標では、韓国は4万8922ドルで19位とすでに日本は抜かれた存在だ。

これ以外にもさまざまな指標を見渡せば、世界で日本の地位が低下していることが裏付けられる。

茨城を変えるキーパーソン

人口減少、経済停滞……大きく横たわる日本の問題は、当然のことながら茨城県の問題でもある。

茨城県が生き残るために乗り越えなければならない切実な課題だ。

それを認識し、改革の旗手となって茨城県をリードしてきた人がいる。**茨城の大きな変化のまさにキーパーソン**にあたる存在だ。

大井川和彦知事である。

２０１７年に茨城県知事選に初めて立候補し当選、２０２１年に再選を果たし、現在は二期目にある。

知事になるまでの経歴は多彩だ。

１９８８年、通商産業省（現経済産業省）に入省。１９９６年にはワシントン大学ロースクールに留学し修了。１９９８年、通商産業省の初代シンガポール事務所長に就任している。２００３年に退官するとマイクロソフトアジアに入社、翌年にはマイクロソフトの執行役常務となった。２０１０年にシスコシステムズに入社し２０１６年にはニコニコ動画の運営会社として知られるドワンゴの取締役に就任した。

行政、民間双方を経験しての知事就任であった。

大井川知事は土浦市に生まれ、のちに父の転勤で日立市に移り、水戸第一高等学校を卒業している。つまり茨城県人である。

「茨城県のために仕事ができるというやりがいも大きいと思っていたので、挑戦しよう、ということになりました」

立候補するときには課題を明確に把握していたわけではないという。

「東京に住んでいて１つ思っていたのは、茨城県の存在感があまりにも足りないというか、印象が薄い。それは茨城出身者として寂しいことだったので、もうちょっと何かやりようがあるだろうということと、僕は東京と日立を行ったり来たりしていたので、日立がずいぶん寂しくなってきているのだけは目にしていました」

課題が具体化していったのは、選挙活動を通してであった。

「いろいろな人たちの声を聞く中で、茨城県の課題がクリアに見えてきました。魅力度ランキング最下位という自虐ネタが話題にのぼる一方で、最下位と言ってもこんなに住みよいところはないんだとおっしゃる方が多かった。農家を中心に後継者不足のことを深刻に訴える方もものすごく多かったですね。そして土浦もそうですし、日立もそうなんですが、商店街がさびれてしまって街が消えていってしまっている。大きく言うとその3つが印象的でした」

その上で、実感することもできた。

「要するに、住んでいる人たちは**『茨城県って豊かだ』**とけっこう満足している。だけどキャラが立っていないというか、差別化ができていないというか、すべてがどこかの二番手、どこかのやってきたことの後追いということが多いような気がしていて、自分たちから変わったことをやるという意欲に非常に欠けている。豊かなんだけれども、認知されていない、認知されていないから魅力が少ないと思われてしまうということですね」

豊かであってもそれを活かしきれていない。

つまりポテンシャルはあり、のびしろもある。ただのびしろを活かすには相応の取り組みが必要となる。それが実感だった。

「茨城県は全国の中でもかなり恵まれたポジションにある県だと思うんですね。首都圏の中にいるという強みがあるからです。可住地面積は非常に広いし、北関東でトップの人口を抱えていますし、弱点もいろいろあるけれども、ロケーション的にも非常に有利な地域にある。ただ、そこで本来発揮されるべき潜在能力が発揮できていないためにずっと眠れる獅子のままでいたというのが、茨城県に当てはまる表現なのかなと思います」

ただし、危機感も強かった。端的に、次のひとことに表れている。

「今のままでは衰退する一方です」

なぜなら、日本が抱える課題、「人口減少」や「経済の停滞」は、茨城県にとっても免れないからだ。

このまま進めば日本の将来を明るく描けないように、茨城県もまた、人口減少などの影響から立ち行かなくなる。

「これから20年経ったら、新卒者の数が半分くらいになってしまう。企業が新卒をとろうとしても今のようにはいかない。今大丈夫だから10年後も大丈夫だろうと思っている。でもそれは違う。坂から転げ落ちるように確実に厳しくなります。私は茨城県という行政単位の自治体の経営者として仕事をしているわけですから、常に茨城の先を見越しながら新しいことに挑戦しているわけです」

今のままではいられない。変革を追求する根底には、時代認識がある。

大井川知事は、今を**「非連続の時代」**であるという。

「非連続の時代」がやってきた

「私が常に申し上げているのは、**過去の延長線上に未来は存在しない**。我々の未来は過去の延長線ではないということです」

日本が直面する少子高齢化、急激な人口減少は、これまでに経験したことがないものにほかならない。だとすれば、これまでと同じ手法、同じ対策は功を奏さない、前例にのっとっていても通用しないことを意味する。

人口減少ばかりが非連続の時代が到来した要因ではない。温暖化などによる異常気象から、世界的にかつてない規模での災害が生じるようになった。日本でも「〇年に一度」「かつてない」と形容される豪雨などに見舞われる頻度は確実に増えている。世界規模で食糧不足や水不足に陥る気候変動は過去にはなかったレベルにある。

国際情勢もその1つだ。

2022年2月に始まったロシアによるウクライナ侵攻、歴史的な円安、それらに影響してもたらされた資源価格や物価高騰、さらには米中対立なども不安定さを生み出している。

近年、重要とされてきたイノベーションも加速化が進み、悠長にかまえているわけにはいかない状況が生まれている。最近はAI技術を活用し人であるかのように自然な会話ができたり、文章を作成できる「ChatGPT」が話題を集めている。

それに限らず、高度なAI技術とその進歩が「人の職を奪う」という言葉が象徴するように、社会構造の大幅な変化がこれから生まれていくだろう。だから時代そのものの先行きの予測も困難で、**新たな現象に対応する能力が求められる時代**がやってくる。

そもそも2020年に世界的に感染が拡大した新型コロナウイルス感染症も、予測のつかなかった事態にちがいない。

「過去の成功体験が将来も生きると思ったらそれは間違いだと強く思っています。非連続の時代にあたっては、状況がものすごく変わる可能性をしっかりと頭に入れながら、常に新しい挑戦が求められる。真正面から捉えてタブーなしでいろいろなことの見直しを進めて、時代に対応する能力をつけていくということが大事だろうと思っています」

そこで大井川知事があげたキーワードが**「差別化」**だった。

差別化しなければ生き残れない

茨城県の行政を担う立場として、まず追求したのは、**行政の姿勢の変化、差別化を意識した取り組み**だ。

「どうしても行政は、ほかと比べがちで、ほかと一緒ということで安心する。

横並びであることが大事だったり、国からの指示が重要であったり、前例を踏襲することを大切にする。

でも非連続の時代に、人口減少が進んでいってこれまでと同じではいられない以上、それだとだめなわけです」

これまでとは異なる「非連続」の時代であるからこそ、行政としても差別化を意識する必要性を訴え、「例えば」とあげる。

「農業を例にしてみても、たくさん作っているだけだったらただ安いものを作るだけになってしまい、選ばれない。生産量が日本一だと言っても、ほかとの違いがなければ勝ち残っていけないんですね。

行政が前例にとらわれているままなら、みんな一緒に沈む船にそのまま乗ってる状況になってしまう。自分の頭で考えて、しっかりと仮説を作って、優先順位をつけて実施することが求められます」

その中で打ち出したのが、次の3つのキーワードだ。

●失敗を恐れず挑戦すること
●スピード感
●選択と集中

「行政って、失敗してはいけないところなんです。世の中の大部分の考え方としてもそうでしょう。失敗してはいけないと思うから、職員の人たちは保険をかける。『前からそのようにやっています』『ほかの県もやっています』。あるいは『国が言っています』と。そこに頼る。思い切って何か違うことをやって失敗すると叩かれるから。

それを変えようとしました。就任当初から職員に言ってることが、『まずは失敗していい、何もしないのがいちばん悪い』。失敗しても、そこからあらためて学べばいいんです。

大事なことは失敗の確率をある程度頭に入れて、失敗した場合は常にそれを真正面から認めて修正すること。**素直に失敗を認めてそこから何を学ぶか、ど**

う**軌道修正するかが重要**だと思っています」

失敗を恐れないことと連動して求めたのが**スピード感**だ。

「失敗することを前提にやるわけですから、大事なのがスピードです。役所は1年に1回の予算編成のときに次の年度の新政策を考えています。でも世の中は変わっていっているわけだから1回予算を組んで政策を決めても、1週間経てば状況が変わることもあり得る。すぐに予算を組み替えてでも取り組んでいこうということです。職員の人たちが私に説明を持ってくるとき、必ず1年単位でスケジュールを持ってきていました。計画1年、実証1年、実施1年。それをどんどん短縮して進めています」

最後にあげたのは、**選択と集中**。

「これが大事だと思います。会社でも、だいたい『何でもやる』というのは失敗します。要するに優先順位を付けられない。実はこの選択と集中は政治が最も苦手とするものです。行政にはさまざまな要望が寄せられます。それら全部に応えていると、それぞれがほんとうに薄くなってしまいます」

まんべんなく、差の生じないように取り組みを進めることは平等性を意識してのことであるだろうし、それが重視されてきたのが行政の場だった。

ただ、それがために結果が伴わなければ意味をなさない。

「どこに投資をした方が茨城県は伸びるのか、将来に向けてその取り組みが大きな成果をあげられるのかということを考える。その上で政策、資金、エネルギー、人材を使っていく。ここでいちばん難しいのは優先順位の低いものについては『やらない』ということです。優先順位を決めて——要するに仮説を立てて、ここからは予算をつけて、ここからはつけない、それを決めることが重要です」

切実な危機感のもとに、大きな方向性を打ち出した。

そうして歩んできた結果が、近年茨城県を巡り伝えられるさまざまな変化であるのだろう。

その取り組みは、茨城県の生き残りをかけて、進められてきた。

大井川知事は語る。

「日本の中でだけ注目されても意味はありません。私たちが目指しているのは**世界から注目される自治体**であることです。そして茨城が世界から注目されるレベルになることは、十分可能だと私は思っています」

その表情と眼差しには確信がうかがえた。


世界に注目される自治体を目指すという確固とした決意のもと、茨城県は具体的に何に取り組み、何を成し遂げてきたのか。成果を築いたのか。

主に産業、農業、教育からそれをたどってみたい。

第1章

魅力的な雇用が増加！「産業」プロジェクト

若い世代をひきつける質の高い雇用を生み出す

人口減少、とりわけ15歳から64歳の「生産年齢人口」が大きく減っていく社会に明るい未来は見えにくい。日本社会全体がそうであるように、茨城もまた、同じ問題を突き付けられている。

ではどう向き合い、対策をとっていくか。大枠として掲げるのは次のような点だ。

- **1人あたりの生産性向上**
- **医療、福祉、社会保障の持続可能性**
- **外部人材との連携**

「1人あたりの生産性向上」のためには、より**生産性の高い生産構造**を目指すとともに、すべての基礎となる**人材の育成を図る**ことを期している。

「医療、福祉、社会保障の持続可能性」では、例えば医療では医師の確保の重点化などに取り組むことで各地域での医療維持を図り、また民間活力を活かすことで財政運営の改善を掲げている。

人口減少への取り組みの大枠がある中で、解決策の1つとして打ち出しているのが、若い世代をひきつける雇用をいかにして生み出すかである。

人口減少とあいまって、茨城には課題があった。

茨城で生まれ育っても、進学する大学は県外、しかも卒業しても茨城には戻ってこない。あるいは茨城の大学で学んで、でも就職するのは県外。

つまり、**茨城から流出していく若い世代が多い**ことが課題であった。

例えば茨城県内には筑波大学がある。優れた研究部門を擁する筑波大学には、その環境を求めて県外から、さらには海外から進学してくる学生がいる。

でもその多くも、卒業すると県外に去ってしまうのだ。

立地推進部職員は言う。

「大学に進学し専門的な知識や技術を習得した若者たちが、茨城で就職先を考えた場合、自分のスキルを活かせる選択肢が少ないと感じていると思うんです。例えば東京の大学に進んで、自分が興味を持つ、どんな業界の仕事にも就ける環境にいると、茨城に帰ってこようと思わないのではないでしょうか。それでは人口減少に歯止めがかかりませんし、活力もなくなっていきます。そういう面で茨城に質の高い雇用、要は若者がいろいろな仕事に就けるように環境を提供することが大事だと思っています」

製造業の工場などはこれまでも多数存在していたが、**魅力ある、バリエーションに富んだ雇用環境を築くこと**を課題として取り組んできた。

県外への人口流出——特に若い世代が出ていく、あるいは社会人になったときに戻ってこない状況をあらためることができれば、人口減少に対する1つの解決策となる。

２０２３年３月28日、建設機械メーカー大手の日立建機株式会社が土浦工場内に「Orange Innovation Plaza（オレンジイノベーションプラザ）」を新設した。

土浦工場は開発および生産の主力拠点で、新たに地上7階建て、約３０００人が働くオフィスを建設。土浦市のほか龍ケ崎市や兵庫県加古郡などに分散していた開発機能を集約し、モノづくり技術の高度化と革新的なソリューション開発を推進する考えだ。なお、建設にあたっては茨城県による「本社機能移転強化促進補助金」が適用されている。

新設したオフィスには「オープンキッチン」や「リフレッシュバルコニー」などのコミュニケーションスペースが設置され、職場環境としての充実ぶりをうかがわせる。

同社の人財本部総務部担当部長である山崎吉久氏はこう語っている。

「電動化や自律運転など次世代の建設機械の技術開発のほか、生産部門における人財の拡充や地元サプライヤーとの取引増大など、地域経済への波及効果も見込まれると思います」

真新しい建物と恵まれた職場環境は、県内における雇用環境の充実の一端となっていくだろう。

ほかにも、質の高い雇用を増やすための活動は多岐にわたる。

県外からの企業誘致、本社機能を茨城県に移転してもらうための働きかけ……。それらの活動が実を結んでいることが数々の事例に表れている。

マーケティング重視の企業誘致は全国トップの実力

近年の成果として茨城県が誇るデータがある。

その1つは**県外からの企業立地件数が6年連続で1位**であること。

もう1つは、**工場立地面積でも2017年から2022年の累計で1位**であることだ。

この2つのランキングでトップを誇るという点に、企業誘致の大きな成功が明確に表れている。

茨城県の工場立地動向の推移

	2017年	2018年	2019年	2020年	2021年	2022年
県外企業立地件数	**全国1位**	**全国1位**	**全国1位**	**全国1位**	**全国1位**	**全国1位**
工場立地面積	全国5位	**全国1位**	**全国1位**	全国2位	全国2位	**全国1位**
工場立地件数	全国5位	全国2位	全国3位	**全国1位**	全国2位	全国2位

これらの成果が上がっている要因を、企業誘致や工業団地の整備を担当する立地推進部職員は「県としての姿勢の変化にある」と語る。

それを象徴するのは県庁の組織図だ。その中に、このような部署が見てとれる。

「営業戦略部」

民間企業であれば、特に違和感のない部署名だが、役所となると話は別だ。

「営業○○なんていう名前の部署を持っている県庁はなかなかないんじゃないでしょうか」

そう言って立地推進部職員は笑顔を見せる。

つまり行政組織においては、異例の部署名なのである。

「県知事がかわり、大井川知事になってからできた部署です」

大井川知事は２０１７年8月に初当選を果たし9月に就任している。その年の8月1日現在の組織図にはなかった営業戦略部は、翌年の4月1日付けの組織図には記載されている。

就任してから時間を置かずに設置されたことが分かる。

営業戦略部の中にあった立地推進担当部署は、２０２１年に部として独立し、格上げされている。

立地推進部職員は、営業戦略部や立地推進部などほかの行政組織にはない、企業を呼び込むような事業をする独立した部が設立された意図をこう語る。

「マーケティングを重視した活動に取り組んでいくためにも、専門の部署を立ち上げたということにあります」

そして続ける。

「我々の立地推進部でも、公務員だからという枠に捉われてはいけないという意識を持っています」

「公務員だから、という枠に捉われてはいけない」

——それはどういうことか。大井川知事の言葉を借りれば、「緻密にマーケティングをしてどこの業界、業種にどういうニーズがあるのかを調べながら、茨城県の立地優位性をアピールする、営業をかける」ことを意味する。

立地推進部職員は言う。

「何よりも、いろんなマーケティングをしながらターゲットを絞って誘致をするためにも、『**マインドを変える**』ということを職員一丸となって心がけてきたということはあると思います。簡単だったとは言えませんけれども、そういった努力をしてきています」

民間企業と行政組織とでは、大きな隔たりがある。

民間企業の特徴をおおざっぱにあげれば、「利益を追求し、拡大と成長を目指していく組織」だと言える。

そのためには変化や進化も必要となるだろうし、属する社員もまた、そうした姿勢を求められる。また業界の中での競争にも常にさらされている。

一方で行政組織の場合、いわゆる公共的な役割を果たすことが求められる。そのため、ときに「これだから官は」と批判されることもあった。

全体を重視し、取り組みのスピードに欠け、また、従来の方針を逸脱せず守りがちなきらいがあった。

でも、**「これまで通りなら自治体は生き残れない」**——その認識のもとに、茨城県は大きな変革を志したのだ。

長年にわたって積み重ねてきた姿勢やマインドを変えることには、戸惑い、驚きがあった。内心、反発する向きもきっとあったはずだ。

それでも変化を選んだ。

日本の現状と、そこから来る茨城県の将来への危機感を我が身のものと捉えたからこそ、踏み出した一歩だった。

「企業さんとしっかりした会話をして責任を持った対応をしなければ誘致はできません。相手の琴線に触れるような提案、あるいは相手を引きつけられる交渉ができなければ、本音や内部情報なども教えていただけません。そういう意味では我々は営業マインドを持とうと思っております」

おそらくそれまではあまり意識することがなかったであろう**「営業マインド」**を持ち取り組むことで、苦労はなかったのだろうか。

「まず企業のキーパーソンになかなか会えないことでしょうか。ましてや、大企業になればなるほど、新しい工場や新しい生産拠点を探しているなんていう情報はなかなか外に出しませんから。例えて言うと、ちょっとした〝兆《きざ》し〟みたいなところを、どこの県よりも先に見つけることが企業誘致の生命線だと思います」

実は茨城県は、かねてからある部署を持っていた。
東京の表玄関である丸の内にかまえる**「茨城県立地推進東京統括本部」**だ。

「全国でも珍しいんですが、茨城県は営業部隊だけの独立した部署を持っています。例えば、会社の役員さんが設備投資しようと思ったら必ずゼネコンなどに相談するんですね。その兆しを、いちばん最初に茨城県がキャッチできるかどうか――情報をとれるだけの人間関係やネットワークを持っているかが鍵になります」

そのネットワークを、長年にわたり築いてきたという。

「1年や2年では難しいことです。長い年月をかけて築いていく必要があります。茨城のパンフレットを持って挨拶に行ったり、定期的な訪問をしながら相手に関心を持ってもらえるような情報提供を継続して何年も何年もやってきて。そうして顔を覚えてもらってようやく、スーパーゼネコンや大手不動産が土地を探しているとアポイントをとってくるまでになりました」

このように企業をはじめ、さまざまな関係を築いてきた。

営業マインドを持ち、マーケティングを意識して取り組むようになったとき、それまで築いたネットワークをはじめとする財産を活かせるようになったのだ。

「誘致に応じていただいた企業さんから『茨城県は他県と比べてよくやってくれている』と言っていただくことがあります。例えば、日本中の土地を調べ抜いて、その上で条件面を何度も提案したり、いかに他県と差別化するかを考えて取り組んでいます。地域間競争を勝ち抜くための提案をする上で、茨城のよさをできるだけ出せるように努めているんです」（立地推進部職員）

変化した茨城県の活動を裏付ける話がある。

銅を中心に非鉄金属製品の製造や販売を手掛けるＪＸ金属株式会社は２０２２年３月、茨城県ひたちなか市に新工場の用地を取得、２０２３年１

月25日に起工式が執り行われた。先端素材の製造・開発を行う拠点とするものだ。

同社は、1905年、茨城県日立市における日立鉱山の操業開始をルーツとし、今日も茨城県内に複数の生産拠点を持ち、もともと茨城との縁は深い。ただそれだけが決め手であったわけではない。

そもそも候補地として検討したのは茨城県だけではなかった。同社の執行役員である川口義之氏は語る。

「最初は北海道から九州まで対象にして探しました。候補地として出てきたところもなかったわけではないんですけれども、茨城を選んだ理由の1つは人材面です。例えば、すでに磯原とか日立に工場があるので、そこで働く人を活用できること。茨城県は製造業を長くやってきている土地ですので製造業に向いた人材をたくさん供給できること。また羽田空港、成田空港、茨城空港と空港へのアクセスや港に近いこともあります」

こうした理由をあげた上で「それに加えてですね」と続ける。

「やはり県の立地推進部の対応が極めて素晴らしかった。ワンストップでつながれる、それだけではなく、ここまで結果にコミットしてくれる県や自治体というのはほかにないです。正直、非常に大きな後押しになりました。そもそも土地取得の段階で、いわゆる新たに作った工業団地を購入したわけではなく、もともとは民間企業が持っていた土地、つまり民・民の話であるものを問題ない範囲で仲介の労をとっていただいたり、調整もしていただいて取得できた。ほんとうに、そこまでする自治体はほかにないですね」

それは長いキャリアを重ねてきた川口氏ならではの経験に裏打ちされた言葉だった。

「ぜひ茨城県でやってもらいたいという思いが伝わってきた。たぶん、それが浸透されているんじゃないですかね。『お仕事でございます』『言われているからやっています』ではなく、1人1人、茨城がいいなと思っている方が多いんじゃないでしょうか。一般的には補助金がいちばんの決め手と考える自治体の方もいらっしゃるかもしれません。ただ私どもは比較的利益率は高いのでイニシャルコストをなんとかしてくれるというところよりも、いろいろな意味でサステナブルに全方位にわたってサポートしてくれるほうがいい。そういう意味で茨城県でした」

また、車載用リチウムイオンバッテリーの大手である株式会社ＡＥＳＣジャパンは２０２１年8月、茨城県が整備していた茨城中央工業団地に新工場を建設すると発表。第一工場は２０２３年8月に工場竣工を迎え、２０２４年の稼働に向け準備を進めている。第一工場の6GWhの生産能力は国内最大級となり、現在着工している第二工場、今後拡張予定の第三工場とあわせ、20GWhの生産能力を計画している。

同社の経営企画部部長の澤田裕氏は、建設先の候補地は複数あったと言う。

「まずリチウムイオンバッテリーはそれなりに土地、延べ床面積を使います。ですから、広大な土地が必要だということ。あとは当たり前なんですけれども、経済合理性があること。ロケーション的に考えても茨城県が最適だったというところになります」

それを踏まえた上で、こう語る。

「大変ありがたいことに、当時から現在に至るまでさまざまな自治体から魅力的なお話をいただいております。その中でも茨城県は、税制優遇や補助制度のみならず、環境整備や産官学連携などを含めて、トップから現場の方までが多面的にご支援してくださる姿勢を強く感じました」

これらは事例の一端に過ぎない。
あらためて立地推進部職員は言う。

「チャレンジとスピード感というところで言えば、例えば役所は年度で事業を組み立てていくのが常識でした。でも今は、年度の途中であっても、タイミングが今だ、ということであれば躊躇なく進めようというスタンスに変わっています。**公務員として染みついていた感覚をまず壊さなければいけない**というのはありましたし、途中で事業を行うには予算などをどうすればよいか、事業ごとに知恵を絞る必要がありました。またいろいろな部署、市町村、民間企業との調整のスピードも問われます。そういった苦労はありました」

慣れ親しんだ環境や慣習を捨てるのは容易なことではない。

それでもその必要性を真摯に受け止め、変化を志して行動してきたからこその言葉でもあった。

首都圏からの本社機能移転の実現

新型コロナウイルス感染拡大の影響もあって、ここ2、3年は本社を移転させた企業のニュースもしばしば見られた。

それと関連して目をひいた1つのニュースがあった。帝国データバンクが2022年に首都圏から本社所在地を移転させた企業の数を発表し、**1位が茨城県であったことだ。**

実はそこにも茨城県の主体的な取り組みがあった。

何も努力しない中で企業が移転してくれたわけではない。

立地推進部職員も言う。

「これまで誘致というと工場が中心になっていたんですが、今は本社あるいは本社機能――いわゆる企画開発部門ですとか、研究機能も含めた誘致に力を入れています。本社機能誘致向けの補助金なども創設して、これまでに25件認定させていただきました」

それによって質の高い雇用が着実に創出されているということだ。

ではいかにして、呼び込むことに成功したのだろうか。

「例えば、本県には筑波研究学園都市がありますので、まずはつくばを足掛かりに研究機能の誘致を仕掛けてみるということもあります。それとあわせて、研究部門だけではなく、研究を統括するような部門にも来ていただけないかと働きかけたり。知恵を絞りながら、あの手この手で作戦を変えつつ取り組んでいます」

首都圏からの本社機能移転の誘致における例をあげる。

「直近の成功事例で言いますと、フランスの大手コンサルティング会社キャップジェミニが今年（2023年）3月、つくば市に新たにオフィスを構えました」

同社は50か国以上で事業を展開し、日本では2013年から開始。

東京都内に本社があるが、そこから情報サービス事業部門、管理部門の一部を移転した。勤務する社員は数百名規模だという。

「また、スウェーデンの自動車部品メーカーであるオートリブはシートベルトやエアバッグで世界のトップですが、ここもつくば市にテクニカルセンターを作っていただきました」

設計部門がつくば市に移ることになった。つくば市を選んだ理由として、数多くの研究機関が存在し、研究者や学生が数多く住んでいることから**採用強化にもつながるメリット**をあげている。

話題を呼んだのはコスメティックブランドとして知られるエスティローダーが同社にとって約40年ぶりの、そしてアジアでは初の工場建設地を下妻市に決めたことだ。

エスティローダーには、アジア太平洋地域でいかにして長期的な競争優位性を築くか、リーダーとしてポジションを維持していくか、成長機会を獲得するかが課題としてあった。

そのためアジアに製造工場建設を考えていたが、「Made in Japan」が強みになると考え、日本で候補地を探していた。

その情報をつかんだ茨城県が誘致に動き、提案を重ねた。

エスティローダーはいくつか候補地を絞った上で検討、その末に決めたのが下妻市であった。

茨城県下妻市を選んだ理由として、茨城県が本社機能を有する施設等の誘致をはじめ企業誘致に力を入れており、さまざまな支援を提供していることなどをあげている。

2022年2月に工場の一部が稼働し、2023年秋に全面的な稼働を予定している。同社のアジア太平洋地域の生産物流を統括する子会社の本社機能も持つという。

事例はこれらにとどまらない。

空調工事最大手の高砂熱学工業株式会社は神奈川県厚木市にあった技術研究所を移転し、あわせて東京都内にある本社機能のうち、企画開発部門を移転。

自動車関連システム、部品の研究開発・製造・販売などを手掛ける株式会社ヴァレオジャパンは、フランス・パリに本社を置くメーカーの日本法人だが、先進運転支援システム開発部門を移転した。

このように実現した例を見ていると、外資系企業も目立つ。
「外資系企業の誘致という点は、大井川知事の特色なのかなと思っております」（立地推進部職員）
知事のトップセールスに打って出る行動力、海外経験も豊かであるからこその実現であっただろう。

海外からの高度人材の受け入れ・活用の体制

では、日本の、ひいては茨城県の大きな課題である「人口減少」にどう取り組むのか。

解決の一手段として、茨城県が取り組んできたのが、**「外国人材活躍促進事業」**である。その取り組みを、産業戦略部職員は語る。

「まずは県内、近県に在住の外国人留学生と県内企業をマッチングすることに取り組んでいます。もう1つの柱としては国内だけではなく、海外からも人材を直接、県内企業と結びつけようという取り組みをしています」

2019年4月には外国人材の確保、生活に関する相談、アドバイザーによる各種支援、日本語教育支援などを行うために「茨城県外国人材支援センター」を創設。本格的な取り組みをスタートした。

その中では、企業向け各種セミナーの実施、外国人材の受け入れ環境整備に関する相談対応、茨城県内に就労を希望する外国人材と県内企業の就職マッチング支援などに取り組んできた。

「少子高齢化による労働力不足が深刻な中、外国人材ですべてを解決できるわけではないですけれども、その一助として、優秀な外国人材の受け入れ促進に取り組んでおります」

労働力不足が緊急の課題であると捉えていること、その解決に向けて本気であることは、ほかに先駆けて取り組んできたことに表れている。

「外国人材に対する同様の就職相談センターを持っている自治体もあると聞いておりますが、国内の留学生にとどまらず、海外の政府や大学と協定を結んだ上で人材の受け入れ・育成に関するプログラムを展開しようとしている県というのは、そう多くはありません」

その言葉にあるように、海外の各機関との連携も進めてきた。

２０１９年11月、ベトナム・ロンアン省と協力覚書を締結し、介護人材育成・受け入れ・送り出しのプログラム「茨城県コース」を立ち上げ、２０２０年11月にはインドネシア教育大学と協力覚書を締結している。

同じく２０２０年12月には独立行政法人国際協力機構（ＪＩＣＡ）と外国人材の育成・受け入れ促進に向けた覚書を締結。

外国人材の茨城県内企業への受け入れ促進、途上国の開発に資する県内企業の海外展開支援やグローバルな産業人材の育成。さらには外国人材と茨城県民との相互理解の促進及び茨城県における共生に向けた取り組みなどを内容としているが、ＪＩＣＡが外国人材関連で自治体と結ぶのは初めてのことであった。

２０２２年10月には、県内企業を伴ってモンゴルの新モンゴル学園に出向き、現地で企業説明会を開催した。

ほかの都道府県より一歩前に出て、グローバルに打って出て事を進めてきた成果として、これらの実践がある。

さらに推し進めていくには、茨城県が「働きたい」場所だと思ってもらえるかどうかも鍵を握る。

「日本のどこでもいい、というのではなく、茨城県に行きたいという声を大きくしていけたらなと思っています。**〝選ばれる茨城県〟**を目指していきたいですね。例えば、ＩＴ業界の人材不足が叫ばれている中、県立産業技術短期大学校（ＩＴ短大）で留学生を受け入れ、県内のＩＴ企業に就職していただく、そのようなプログラムが２０２３年４月に動き出しています。

優良事例をいち早く創出し、茨城県で活躍する先輩方を産み出すことが重要です。ＳＮＳの口コミにより就労希望者が絶えない状況になっている事業者さんは確実にいます。茨城県で良かったよという先輩方を増やして、諸外国の後輩方にお伝えいただきたいですね。また、教育とか子育ての面でも、日本人と何ら遜色ない形で生活できるような環境も整えていかないといけないと思っています」

同時に県内企業の意識の持ち方にも言及する。

特に中小企業の場合、これは茨城県内の企業に限らず、従来のやり方を抜け出せない、従来を踏襲しがちである面がしばしば指摘される。

「外国人材にも活躍いただきながら企業活動も発展させていく、そのためにも行政の支援だけでなく、企業の皆さんと一緒に進めていければと考えていきます」

稼げる観光地の創出

茨城県の埋もれた資産を活かすという点で、取り組んできたのが**「稼げる観光地の創出」**だ。

これまでも茨城県には観光地として知られる場所がいくつもあった。山があり、海があり、自然にも恵まれている。

しかし、東京を起点に１００㎞圏内を見回すと、神奈川県の箱根、静岡県の伊豆、栃木県の日光、群馬県の草津温泉など、全国にも知られる観光地があり競争にさらされてきた。

茨城県には温泉があって、風情のある旅館があって、おいしいものがあって、景色がいいと言っても、それらの知名度の高い観光地とどう差別化するのかとなったとき、浮かび上がったのがアウトドアだ。

実は茨城県はキャンプ場の多い県である。新型コロナウイルス感染症の流行後、密を避ける意識が強まったことが後押しとなり、茨城のアウトドア施設や場所に関心が集まっている。

さらに、もとからある観光地のテコ入れにも力を注ぐ。

例えば日本三名園の1つとして知られる水戸市の偕楽園。

偕楽園が高い知名度を誇るのは、2月から3月にかけて行われる梅まつりで、例年多くの人々が訪れる。ただ年間を通してみれば維持管理に多額の費用を投じざるを得ない状況にあった。

2023年4月にオープンした「The 迎賓館 偕楽園 別邸」（水戸市）

そこで、高級宿泊施設を全国展開する「星野リゾート」に魅力を向上させる構想の作成を委託。それをもとに有識者による検討を行い、2020年5月に**「偕楽園魅力向上アクションプラン」**を発表した。

その1つとして公募によって選ばれた民間事業者が公園施設の整備と運営を行う方式（パークPFI）を県内で初めて導入し、2023年4月7日に「The迎賓館 偕楽園 別邸」がオープン。

レストランやカフェが入るこの施設では、それら飲食施設の日常

2021年4月に開業した、いばらきフラワーパーク(石岡市)

的な利用をはじめ、婚礼や会合などでの利用も想定しており、通年で楽しめる偕楽園の新たな魅力が生まれた。

石岡市のフラワーパークも長く実質的な赤字が続き、しかも大規模改修を要する状況にあった。

そこで「青山フラワーマーケット」の運営で知られる株式会社パーク・コーポレーションを指定管理者に加え、季節に応じて花を鑑賞できるエリアの設置やアロマミストづくりなどの体験型プログラムを取り入れるなどし、一時期

アクアワールド茨城県大洗水族館（大洗町）

の休園を経て、2021年4月に「いばらきフラワーパーク」として開業。収支を大きく改善するに至った。

民間活力の導入はこれにとどまらない。

アクアワールド茨城県大洗水族館では、横浜・八景島シーパラダイスを運営する株式会社横浜八景島から館長の派遣を受け、経営改革や効果的な施策・情報発信などによる誘客促進に努めている。

これまで県が財政的支援を行ってきた施設について、**利益が還元**

できる施設へと変えるための抜本的な取り組みを行ってきた。

さらに力を入れるのが、**海外からの観光客の獲得**である。

コロナにより著しく損なわれたが、コロナ前から日本経済の一端として期待されてきたのがインバウンドだ。海外からの旅行を指すが、海外からの旅行者が日本で行う消費を日本経済活性化につなげようとしてきた。

茨城県もまた、インバウンドを重視し、いかに観光客を呼び込むかをテーマとして取り組んでいる。

その1つに台湾での大規模なプロモーションがある。

営業戦略部職員は、こう語る。

「台湾に売り出していくとき、普通のPRでは台湾の人々に刺さらない。**ストーリーのある、付加価値のあるコンセプト**でプロモーションをやっていきたいと思いました」

そんな視点で思いついたのが、**「開運茨城」**だった。

「**茨城に来ると元気になれる、茨城に来るといいことがある、**そのようなイメージ戦略で行きたいということで作った言葉です」

そのコンセプトを思いつくときに考えたのが、台湾の人々の特性だった。

「台湾の方はものすごく縁起を大事にするというか、幸せや財運、そういうものを日常生活で大事にされるんですね。例えば数字ですと末広がりの『八』が好きであったり、色で言えば縁起のいい赤が好きであったりするわけです。そこで茨城の縁起のいい場所、パワースポットや、縁起のいい食べ物、ここに行けば癒しになるよ、というところを打ち出してプロモーションすることで関心を高めようとしました」

相手を深く知ることから戦略を立ち上げていく。そこにもマーケティングを意識する姿勢がうかがえる。

2022年8月1日から大々的なプロモーションを開始した。

「開運茨城」の特設サイトをオープンし、「生意興隆・財運」「消災除厄・健康運」など7つの項目を立てて、各項目それぞれに即した茨城県内の観光地と食を紹介。

台湾の人の関心を調べると、「自然」と「グルメ」が根強い。そこで食と観光を一体的にPRすることで好循環を構築し、観光誘客だけでなく、県産品の輸出促進も合わせて進めていった。

加えて、台湾へのPRで行ったのが、タレントの渡辺直美氏を**「台湾いばらき宣伝大使」**として起用することだった。

渡辺氏は、台湾で生まれ、茨城で育った。台湾でも高い知名度と人気を誇る。まさにうってつけの存在であった。

8月1日から1か月間は、台北のメインストリートの街頭広告を大々的に展開。

「いわゆるジャック広告ですね。街頭にこ

れでもかっていうほどの広告を出しました。あわせて、食と観光のイベントへの出展なども行いました」

台北市内の高級スーパーマーケット「遠東百貨 遠百信義店」で期間限定販売を開催。またネットでは台湾で大手のECサイト「五號商鋪」でも茨城県産品の販売を実施した。さらに、台湾における最大級の食イベント「台湾美食展」に初めて出展。ブースを設けて県産品の販売や観光情報のPRも行った。

「まずは茨城への関心をひきつける、感心を高める、その2つを狙いとする取り組みでした。茨城を強烈に印象づけることが重要だと思っていました」

その効果は絶大で、現地メディアのニュースでは実に120回ほど取り上げられた。

11月には「台北国際旅行博」にも参加。

2021年度の旅行博と比較したところ、行ってみたい県の伸び率のランキングでは茨城が一番になった。少しずつプロモーションの成果が出てきたという手ごたえを感じたと言う。

大々的なプロモーションは8月に限らなかった。

2023年2月にはさらにインパクトを強めた。地下鉄台北駅など、利用者の多い台北市内の3駅において駅広告を打ち、地下鉄車内のジャック広告を実施。各駅にあるモニターを利用した動画の広告を打つなどしたのだ。「開運茨城」の文字があふれ、渡辺直美氏の姿もあちこちに見られた。

2月5日から9日にかけては「いばらき大見本市」を台北市内で開催。茨城の食と観光の宣伝を行った。

「このときには現地に渡辺直美さんも参加してくださったんです。オープニングセレモニーのときにはものすごくたくさんの方が来まして、このときもメディアに数多く取り上げられました」

ここには大井川和彦知事も出席。オープニングセレモニーで自ら茨城県のPRを行った。

台湾での大規模プロモーション（2023年2月）

また県内約40の企業・団体が参加しての商談会も実施。台湾側からは食品や旅行関連会社など２５０社以上が参加し、商談が進められた。

「食と観光のビジネスマッチングを２本立てでやったんです。観光の商談会には、県内のホテルやバス会社、それにフラワーパークやアクアワールド大洗水族館といった観光施設の方々も実際に台湾に一緒に足を運んでいただきました。県と一緒になってインバウンドを受け入れていきましょうということで、もともといろいろな協力、連携をしてきたんですが、台湾には、一緒に営業活動に取り組みまして『オール茨城』で茨城を売り出した感じです」

追い風もあった。

「茨城空港と台湾を結ぶ便を台湾のＬＣＣである『タイガーエア台湾』が運行していましたが、コロナで長らく停止していました。知事がトップセールスに行っている期間中に再開することを発表していただき、あわせて台北だけではなく高雄からも飛ばすことも発表されました」

3月26日に再開された台北との路線、そして新規の高雄との路線、その2つで多くの観光客が茨城県を訪れているという。

「団体ツアーで参加される方もいらっしゃいますし、個人で来られる方もいます。どういう方が来られているのかなと思って、来た方に聞いてみたら、『2月の大規模プロモーションを見て茨城を知った』という方も多かったですね」

売り込もうとしているのは台湾だけではない。２０２２年度はタイにも同様の取り組みを行っている。

台湾やタイをはじめ、海外に売り込みをかける茨城は、ほかにない特色を打ち出そうとしているという。

「茨城にたくさん外国人に来てもらいたい、県内に長く滞在していただいて、お金を落としてもらいたいというのが究極の目的です。今、茨城県の強みとして打ち出そうと考えているのはゴルフです。ゴルフの場合、何連泊もして県内の別のゴルフ場でプレーを楽しむというスタイルも考えられます」

そのとき、47都道府県の中ではアクセス面がよいこともアピールするにあたってのポイントとなってくる。茨城空港をはじめ、成田空港や羽田空港からも比較的アクセスしやすい点だ。

「しかも茨城はゴルフ場の数が全国でも上位です。ゴルフ場の多さだけじゃなく、ツアートーナメントが開催されるようなクオリティの高いコースであったり、バリエーションに富んでいるコースがあるのも強みですので、首都圏の空港から近いことともに売り込んでいければ。

例えば韓国では、BTSがゴルフを楽しんでいたことなどもあって、空前のゴルフブームが起きているんですね。そこでも茨城のゴルフ環境をアピールできると思います。韓国に限らず、オーストラリアに向けても、ゴルフツーリズムという形で進めようとしています」


「もう1つは」とあげたのがサイクリングだ。

2019年9月、自転車を通じて優れた観光資源を有機的に連携させるサイクルツーリズムの推進を図るために一定の水準を満たしていると国が認定したルート、言い換えれば日本が世界に誇ることができるサイクリングルートを「ナショナルサイクルルート」として認定する制度を創設。

最初に認定された3つのうちの1つに「つくば霞ヶ浦りんりんロード」が茨城県にある。

全長約180kmのサイクリングコースで、国定公園に指定されている霞ヶ浦などの水郷地域や筑波山地域といった自然や風景、鹿島神宮などの歴史的・文化的資産などを楽しめるコースだ。

「サイクリングも滞在時間が長くできるコンテンツですので、茨城の強みとして、ゴルフとサイクリングを売りだしています」

このように、海外の人々の好みなどを把握するのに努め、どこに重点を置いてプロモーションを図るのかを考える。それら一連の取り組みには、企業誘致において強く意識されてきた**マーケティングの志向**がうかがえる。

また、PR活動を継続して行いつつ、2022年8月、2023年2月に大々的に行った活動は、**ここぞというときに集中的に資金を投じる姿勢**も印象的だ。しばしば、物事に直面して小出しにしながら結局解決に至らず、小刻みに資金や労力を投入して失敗するケースも珍しくはないことからすると、そこにも確かなかじ取りを感じさせる。

「将来的に日本の人口が減少することは見えていて、やっぱり海外に向けてマーケットを開いていかなければいけない中で、営業戦略部を作りインバウンド、県産品の輸出促進、茨城空港の就航対策など、海外向けの営業活動を横断的に連携できる体制をとったことも大きかったです」

その組織改革もまた、確固とした方向性あればこそだっただろう。

第2章

所得600万円以上も続々！「農業」プロジェクト

売上主義から利益主義への方針転換

茨城県を代表する産業の1つに、農業がある。

データが物語る。農業産出額の都道府県別ランキングでは常に上位にあり、ここ5年でも毎年3位に茨城県の名前が掲載されている。

首都圏に近いというメリットもあり、東京都中央卸売市場での青果物の取扱高は約20年トップだ。

個別の品目に目を向けてもその強さは際立っている。

全国1位の産出額を誇るものに、かんしょ（さつまいも）、メロン、レンコン、水菜、小松菜、鶏卵などがあり、2位にはレタス、白菜などの名前があがる。3位にもほうれん草をはじめとする品目があり、幅広く茨城県産が並んでいる。

販売農家の数は約4万4000。これも全国でいちばん多い数字だ。

県の約3分の2が平地で、もともと肥沃な土地であったという。

都道府県別農業産出額ランキング（令和3年）

順位	都道府県名	農業産出額（億円）
1	北海道	13,108
2	鹿児島	4,997
3	**茨城**	**4,263**
4	宮崎	3,478
5	熊本	3,477
6	千葉	3,471
7	青森	3,277
8	愛知	2,922
9	栃木	2,693
10	岩手	2,651

出典：農林水産省生産農業所得統計より

「ただ、**そこにとどまっていては農業の未来を描いていけないのではないか**。そう考えた私たちは新たな取り組みを進めてきました」

農林水産部職員は言う。

その言葉から伝わってきたのは、強い危機感だった。

「一般的に、ほとんどの県はそうだと思うんですが、農業産出額の向上を目指して取り組んでいると思います。つまり売り上げを伸ばすということですね。でもいくら売り上げが上がったとしても、**『農家が儲からなければ意味がな**

いんじゃないか』という意識が強まっています」

そこにはいくつもの問題点と課題の自覚があった。

危機感を生むことになった背景には、ほかの分野とも共通して日本社会の「人口減少」がある。

人口減少が進めば、さまざまな市場も縮小することが十分予想される。

当然、その中には食料の需要の縮小も含まれる。これまでと同じように生産して、同じように出荷していたとしても、需要が減れば売れ行きが落ちる、販売額も落ち込んでいくことを意味する。

農家の今後を考えたとき、これまでのように安閑とはしているわけにはいかず、どう考えても明るい見通しが立たないことは明らかだ。

それ以前にも茨城県の農業には課題があった。

茨城県の農業産出額は先に記したように全国で3位である一方、一戸あたりの所得は一桁の順位に入っていない。

直近のデータでは10位になっている。

売り上げと所得の順位が大きくずれているのは、利益率の低さを表している。利益が低いということは今後確実に訪れる人口減少と市場の縮小にあって、いわば「弱点」であり、到来する未来において、より深刻にダメージを受けることが想像できる。

そしてそれは別の課題にもつながっている。

農業においては、高齢化が進み、そして後継者が不足していることが問題とされている。子どもたちがほかの職業に進み、跡を継がないこと、また子どもたちでなくても引き継ぐ人がいないことが大きな要因である。

跡を継がないのは、農業に魅力を感じられないからだろう。

もし将来性や可能性の大きさがそこから伝わってくるなら、その世界を継いでいこう、飛び込んでみようという人は出てくるはずだ。でも現実はそうなっていない。

そのような状況にあるのも、農業で「食べていく」のが困難であることが想

生産農業所得(販売農家一戸あたり)の全国順位の推移

単位：万円/戸

順位	2017年<H29年>		2018年<H30年>		2019年<R1年>		2020年<R2年>		2021年<R3年>	
1位	北海道	1,560	北海道	1,413	北海道	1,529	北海道	1,547	北海道	1,745
2位	鹿児島	541	宮 崎	463	宮 崎	508	宮 崎	548	宮 崎	699
3位	宮 崎	513	鹿児島	458	鹿児島	490	群 馬	511	鹿児島	669
4位	青 森	484	青 森	427	熊 本	427	鹿児島	502	佐 賀	600
5位	千 葉	440	佐 賀	418	佐 賀	418	佐 賀	472	群 馬	560
6位	群 馬	430	熊 本	406	群 馬	395	熊 本	460	愛 知	514
7位	山 形	418	群 馬	394	青 森	391	青 森	432	青 森	503
8位	佐 賀	407	山 形	378	山 形	378	愛 知	429	熊 本	485
9位	沖 縄	392	千 葉	371	愛 知	341	千 葉	377	千 葉	404
10位	愛 知	379	愛 知	356	福 岡	319	茨 城	366	茨 城	393
11位	茨 城	374	茨 城	330	千 葉	311	栃 木	350	福 岡	379
12位	熊 本	357	福 岡	323	長 崎	306	山 形	348	栃 木	373
13位	栃 木	348	沖 縄	302	沖 縄	304	長 崎	342	長 崎	371
14位	福 岡	333	和歌山	295	栃 木	299	福 岡	339	山 形	351
15位	和歌山	313	長 崎	291	茨 城	298	沖 縄	298	高 知	337

出典：農林水産省生産農業所得統計、農林業センサスを基に算出

像されるからにほかならない。

縮小していくであろう市場の中で生き残り、担い手となるべき人を呼び込もうとするなら、**茨城県の農業のあり方を変えていかなければならない**。より利益を上げていくことを目指さなければならないのだ。

「産出額で茨城県が上位にいることにあぐらをかいてるわけではないですが、『農業産出額が大きいから農業が盛んだ』、そういう雰囲気は確かにあったと思います」

(農林水産部職員)

そこから視点を変えることになった契機は、２０１７年の大井川知事の就任にあったという。

２０１６年、茨城県の農家一戸当たりの所得は３７０万円で全国９位だった。ところがその後、順位でみると11位や10位を行き来し、知事就任前の順位を下回る年が続いた。

なぜ所得が上がらないのか、利益が高くならないのかを探るうちに、そもそも利益が最重要視されていないことが浮き彫りになり、そして個別の取り組みのあり方も課題として浮上することになった。

そこで県は、**今までの政策から大きく舵を切ること**を選択したのだ。

従来の雰囲気をうかがわせる話がある。

例えばある年、主産物の１つである白菜の利益が下がったときの分析としてあがったのは、

「豊作であった上に、暖冬で鍋の需要も減って価格が下落したため」

レタスの場合のある年は、

「台風や大雨の影響で品質が低下したことで価格が下がったため」

といった具合であったという。

農産物が気象をはじめとする外的要因に左右されるのは否めない。そうではあっても、そこに対して受け身であるのではなく、より踏み込んだ取り組みこそ重要であることを認識し、見直しを図っていった。


これまで以上に分析を掘り下げると、見えてきた問題があった。

「まずは、従来の政策をゼロベースで見直しました。過去数年間、低調な時期もあり所得が伸びず下がっている年もありましたが、いわゆる露地野菜に大きな要因があることが分かりました。

天候で収穫量や品質が左右される年には、どうしてもほかの産地とバッティングして価格が暴落する傾向があったんです」

つまりは、他県との産地間競争で負けていることだった。

「市場関係者に話を聞くと、『ブランド力で負けてしまう』という指摘もいただきました」

例えば白菜は、長野県や群馬県の標高の高い地域で生産しているものが「高原野菜」として一般消費者のイメージや認知度も高い。

茨城県産は、大量に生産し市場に一度に送り込むのがスタイルとなっていた。それもあって、2016年11月をみると、東京都中央卸売市場のシェアを茨城県がほぼ占有している。

ところが高原野菜の産地である長野県や群馬県が白菜の出荷を遅らせた2019年11月にはそれらにシェアを奪われている。

「競合したときに負ける、買い叩かれる」という傾向が見えてきた。その要因がまさに**ブランド力**だった。

ブランド力は白菜にとどまらなかった。米の単価が下落したときも、北海道の下落率と比べると茨城県産はより大きかった。

天候に左右されるばかりでなく、**差別化ができていないという弱さ**がそこにあったのだ。

「品目ごとに県独自の分析によって調べると、これが割と儲かっているんじゃないかというところが見えてくる。そこをしっかりと打ち出していくというのを基本的な流れとしてきました。毎年、その分析を行ってきた中から見えてきたところで、新たな政策を展開していったのです」

売り上げ主義から利益主義へとスタンスは転換され、それに基づいて着目するポイントを変えて分析。それをもとにさまざまな取り組みを行ってきた。

県の主力であるかんしょ（さつまいも）の耕作地を増やす取り組み、ブランド力を上げる取り組み、大規模経営体を育てる試み、さらには海外への進出、こうした方針を打ち出し、施策を進めている。

2023年5月25日には茨城農業の将来ビジョンを策定した。

その中では2050年の農業産出額の目標を5000億円にするとしている。2021年の4263億円から大きく伸ばすことを掲げている。

人口減少とともに農業の担い手も減少していくことが予測される中、この目標を実現するには一戸あたりの大規模化や高い収益が見込める作物への転換などが求められる。

ここにも利益主義への転換を目指していることがうかがえる。

所得600万円以上の農家が増加

茨城県が農業政策の転換を行った結果を表す指標として、農家一戸あたりの所得の増加がある。

2020年の農家一戸あたりの所得は366万円だったが、2021年には393万円となり、県としては全体に底上げがされてきていると手ごたえを感じている。

さらに細かく把握していくために、国の出す統計によらず、独自に調査を行ってきたという。「認定農業者制度」――つまり主たる収入を農業で賄っている農家の認定を受けた農業者を対象にアンケート調査を行って、所得の把握に努めている。

そのとき、1つの指標として調査したのが**所得600万円以上の農家がどれくらいあるのか**であった。県として、2025年までに達成する目標としている数字でもある。

「2019年と比較すると、600万円を超えた人が3年間で3%くらい増えていることが分かりました。認定農業者というのは、2021年3月末の数字で8231名いますので、それなりに増えていると受け止めています。我々の政策効果はかなりあったのではないかと思います」

所得の向上を強く意識するようになったのは、減少した時期があったからだという。

主業経営体における所得600万円以上の農家数

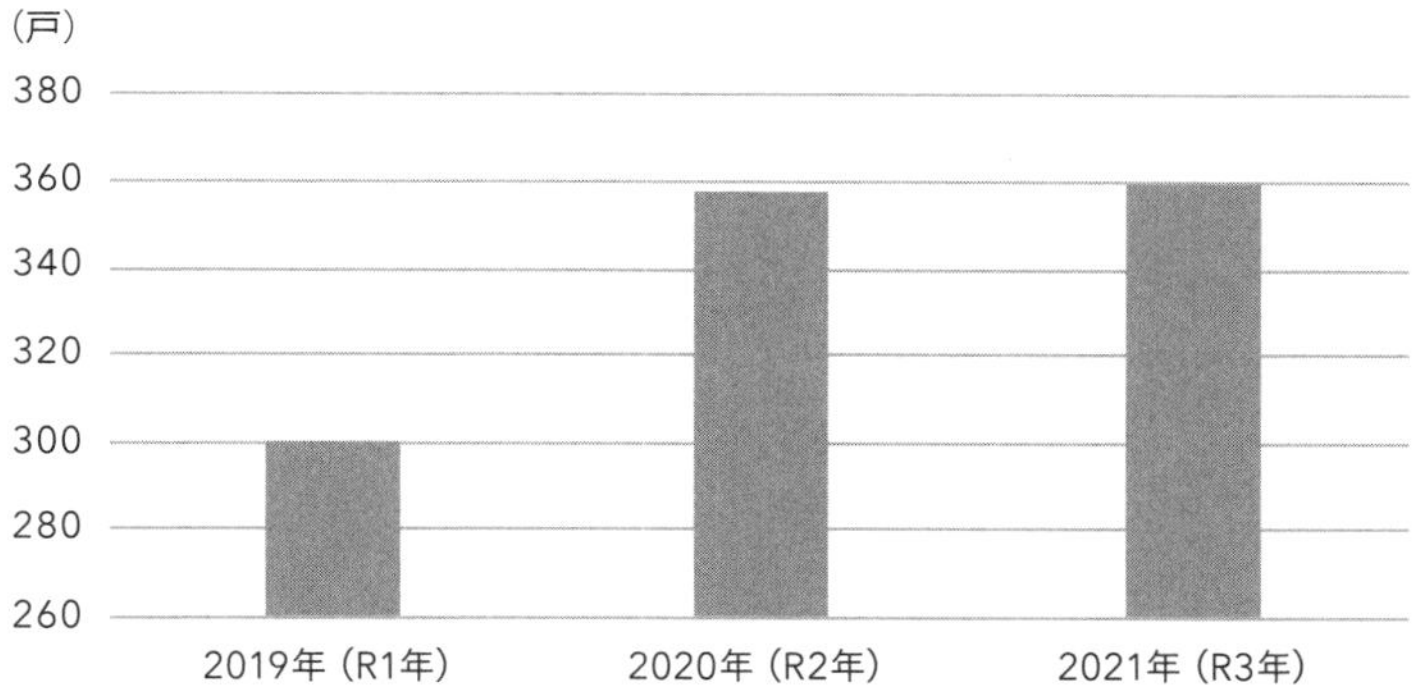

出典：主業経営体における所得600万円以上の農家数
（認定農業者施策アンケート結果より）

「２０１９年、農業者一人あたり３００万円を割り込むことがありました。そこからですね」

より深く掘り下げて分析するようになった理由もそこにあった、と語る。

「そこまで深掘りして分析をしたことがそれまでにはなかったので、実際に発見することは多かったと思っています」

耕作放棄地活用でかんしょ畑を増やす

茨城県で、近年力を入れて取り組んできた事業の1つに、2019年にスタートした**「茨城かんしょトップランナー産地拡大事業」**がある。かんしょ（さつまいも）は、茨城県を代表する農産物の1つで、産出額では全国1位を誇る。その産地拡大を目的としたものがこの事業だ。

スタートした経緯を農林水産部職員はこう語る。

「1つには、かんしょ需要の高さです。国内、海外そのどちらでも人気となっていて、どこの事業者さんに聞いても、かんしょが足りない、という話が出るくらいです。もう1つは、農業者の高齢化、過疎化が進んでいるところを中心に荒廃農地が増えてきていることです。また、かんしょの増産を進めるにあたって、既存のかんしょの農地では増産の余地がないことがありました。だったら、かんしょがすでに作られている農地ではなく、問題になっている荒廃農地を活用して作れないかということで、荒廃農地を改善し、かんしょを作付けしていくというところに資源を投入してきました」

その成果を説明する。

「事業が始まる前の2018年は、県のかんしょの作付面積が6780haだったのに対し、2022年には7500haになり、720ha増加しています。一方で全国では2018年の3万5700haをピークに、2022では3万2300haとかなり落ち込んでいます。それとあわせて考えても、茨城県が伸ばしているというところに効果として表れていると考えています」

事業の内容は、年度によって変化する部分もあるが、大きな目的は変わらない。2022年には、次のような内容で行われた。

1 生産農地確保の促進

(1) 荒廃農地等を活用したかんしょ生産農地確保の取組に対する補助

(2) 規模拡大のための農地貸付協力金

2　生産に必要な機械・施設の整備支援

3　国内外の需要者（加工業者、輸出業者等）とのマッチングの推進

荒廃農地と言っても、すぐ改善できるようなところから、木の伐採や伐根が必要なところまでさまざまだ。木の伐根などを伴う場合には補助に加算する、というように、実情に対応する形の支援が可能となっている。

支援策を打ち出して荒廃農地を活用できる体制を整えた。

それを活かすには、この事業を活用する利用者が欠かせない。そこでもアプローチを図ってきた。

「この事業をやることで、例えばほかの業種から農業に参入してかんしょを作っていくというような動きもありました。そういった、新たにかんしょ作りを始めようとする人が農地を確保するきっかけの1つとしても、この事業は使えたと考えています。いざ参入しようとしてもまずは農地を見つけたりという

かんしょ作付面積の推移

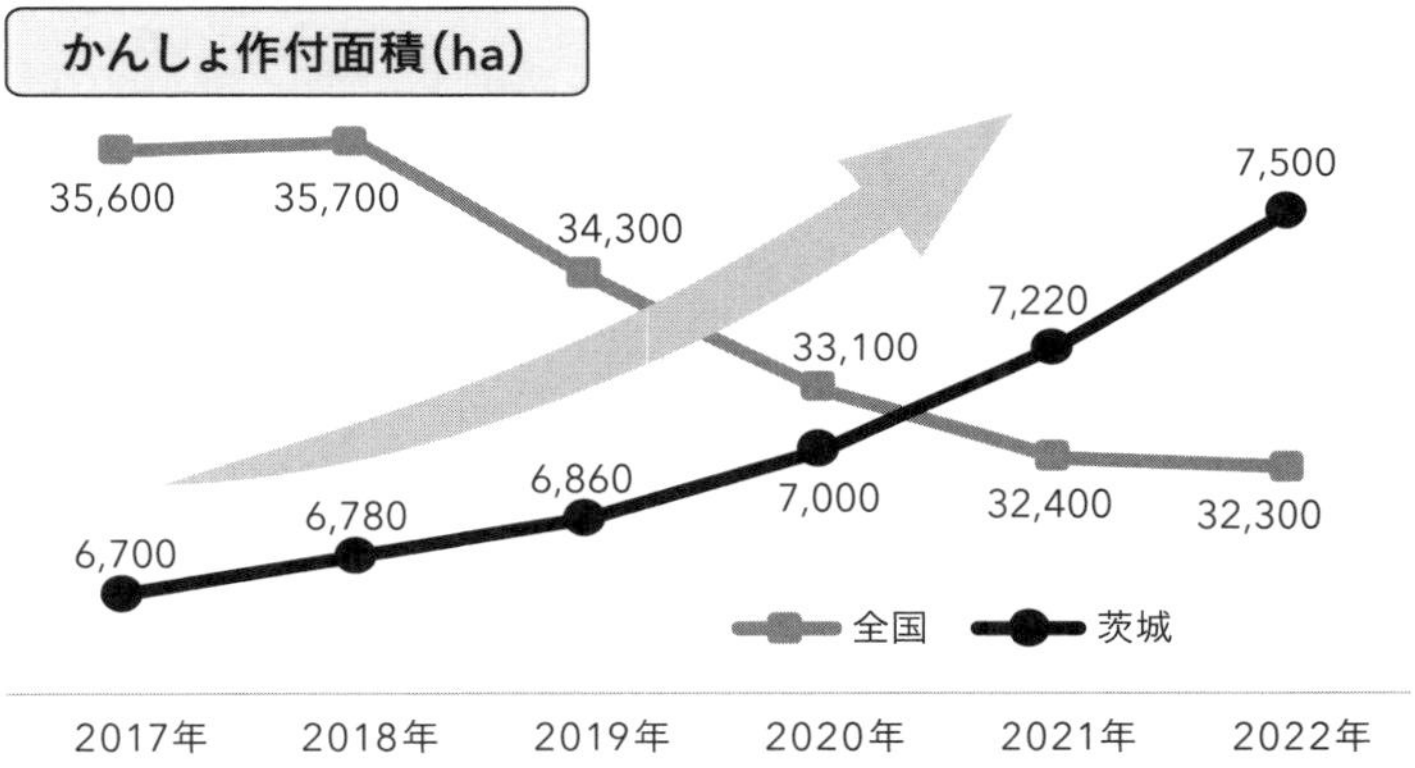

出典:農林水産省作物統計より

ところがハードルとしてある中で、県と市町村だったりが協力して農地をマッチングするような取り組みもやっています」

この話の中に出てきた、まさに異業種からかんしょ生産に参入を図り、県の事業を活用しながら規模を拡大してきた「株式会社ユタカファーム」にも話を聞いた。

同社は、茨城県内で「ユタカ建設工業株式会社」を経営する石井登社長が設立した農業法人だ。

「建設業では、高齢者はいずれ働くことができなくなってしまいます。その高齢者をどうしようかと考えたのが最初のとっかかりです。私が高校時代、農業科であったこともあり、農業なら、茨城県と言えばかんしょだろうと思いました」

農業を始めるには農地が必要となる。石井社長は、茨城県農業参入等支援センターなどに相談し、那珂市の2・5ヘクタールの農地の紹介を受け、支援センターや那珂市などと連携しながら農地を借り、2019年、農業をスタートした。

その後も農地を増やしつつ、現在は20ヘクタールに達している。農地の拡大に限らず、県の補助事業を活用してきたという。

「定温倉庫の補助が出て、だいたい8000ケースくらい入る倉庫を建てることができました。それまでは保管ができなかったので無駄になることも多かったのですが、倉庫ができたおかげで加工に回すものを保管できています。

また、これだけ農地が広がったので収穫の機械は中古の1台だけだったところを増やそうとしました。2台申請し、今は3台でやっています。おかげで作業のスピードがかなり上がりました。県の事業とうまくマッチングさせながら、規模拡大に邁進しています」

こうした県の事業の効果は次の指標にも表れている。2016年から2020年に荒廃農地を再生した面積の都道府県ランキングだ。

「東京ドーム781個分の土地を再生し、茨城県が1位になっています。一度荒廃農地になってしまうと、改善するのは簡単ではありません。ただ漠然と、幅広く荒廃農地の再生に取り組むのではなく、かんしょに絞り込んだことにより成果に結びつけることができているのかなと考えています。1つの品目に対してこれだけ資源を集中してやるような取り組みはほかにあまりなく、それができたからこそだと思います」

漠然と手広く進めるのではなく、**今、求められているところに集中投下した。**

だから結果を残せたことを意味している。

２０２３年の事業では、「干し芋のトップブランド化に向けた取り組み」が加えられている。

「かんしょがブームだということは全国津々浦々で把握されているので、新たな産地がどんどん出てきている、競合が増えている状況にあるのは間違いないです。そうした中でやはり生産拡大だけというわけではなく、ブランド化に取り組んでいこうというところです。かんしょそのものではなく、かんしょを加工して売っていく干し芋です。干し芋も茨城県がシェアとしては圧倒的な１位なんですけれども、**ブランド化して差別化すること**で美味しい干し芋イコール茨城だという位置づけを確立していこうという取り組みを進めていきます」

トップブランド化への道

「儲かる農業」、つまりより利益をあげるためには、いくつかの方法が考えられる。

例えばコストを下げる方法があり、販路を拡大して売り上げを伸ばす方法がある。そして、付加価値を加えてより高価格で販売する道を模索する方法もある。それが**ブランド化**だ。


その取り組みの柱の1つとなるのが、オーガニック（有機）農産物の生産促進である。

農林水産部職員は語る。

「時代背景としてエシカル消費ですとか、環境に優しい農業が求められている部分があり、それに加えて利益がちゃんと確保できて差別化できる商品というところで、有機農業が上がってきました」

県では2019年から**「いばらきオーガニックステップアップ事業」**をスタートしている。
その要旨には「付加価値の高い有機農産物を生産し、経営拡大にチャレンジする生産者等を対象に、有機農業モデル団地の整備を支援するとともに、モデル団地を拠点として有機農産物等による付加価値向上の取組を拡大する」とある。

「利益が出せる農業ということで有機農業の推進、かつ従来の小規模というところではなく大規模なモデル団地育成ということで展開しています。有機農産物生産により高付加価値化と差別化で利益を出すことを目的にしています」

この事業の先陣を切ったのが常陸大宮市の三美地区だ。

事業のスタートとタイミングが重なるように三美地区では以前から進めていた土地改良事業が完成しようとしていた。

「2019年度以降に、地域外の2つの法人が参入しました。当初は地域の担い手として農協さんの子会社であるJA常陸アグリサポートさんがほぼ全域を担う計画でしたが、有機農業の推進というところで、エリアを分けて参入するという形になりました。JA常陸アグリサポートさんも触発されて、2022年から有機農業を始めています。2021年度には常陸大宮市内の別の地区でも事業を活用して、地域外から大規模に有機農業をやる法人が参入しました」

2022年度途中で**「いばらきオーガニック生産拡大加速化事業」**が追加されている。

これは、肥料価格や資材などが高騰していたため、それらに左右されない農法への転換ということで、県内全域を対象とした有機農業への転換および有機農業の生産拡大を目的に創出したものだ。

年度途中でも必要とあれば工夫して予算をつくり取り組む。ここにもその方針が貫かれていた。

「大きな補助事業としては、オーガニックステップアップ事業の補助事業と加速化事業の資材等の補助事業があります。なお、オーガニックステップアップ事業で行っているのはハード事業だけではありません。県には農業改良普及指導員という県内各地のさまざまな農産物の生産性の向上や経営の向上について活動している職員がいます。有機農業という分野への関わり方が少なかった部分もあったので、2021年には茨城大学の先生たちにもご協力いただいて、普及指導員への研修を新しく展開しています」

生産の部分での補助や支援にはとどまらない。

「有識者の方から有機農業を茨城県内で拡大するためにどういったことが必要かご意見を頂く場として、いばらきオーガニック推進ネットワークを組織しています。こちらは茨城大学の先生や学識経験者の方、生産者の方、また県の消費者連合会の代表の方、流通関係として流通業、量販店さんなどにもご意見をいただいています」

生産量を増やすだけではなく、その先、販売面でもサポートを手がけているという。そこでは部署を横断した連携を行い、営業戦略部とともに販売や流通PRを進めている。

こうして取り組んできたオーガニック事業については、現在の手ごたえをこう語る。

「利益を高めるという点では、有機のものは通常のものより2倍近い値段で販売している法人さんがいたり、安売りせずにしっかり価格差をつけて販売して利益を確保していると思います。ある意味、ブランド化というところも関わってくるかと思います。先ほどお話しした加速化事業のところでは、プロモーションの経費も計上しており、ＰＲも進めてきました。引き続き連携しつつＰＲ、さらにはブランド化に取り組んでいきたいですね」

利益が上がるのを見れば、既存の農家の意識も変わってくる。

「農家さんのほうでも意識改革が進んできているように思います。まず商材をたくさん持っているということは茨城県の特徴です。その中で横一列になるのではなく、差別化できる商品を作り上げて、その頂点をさらに引き上げて全体を底上げしていける。そういう可能性を持っていると思っています」

こうしたオーガニック関連事業にとどまらず、先に触れたかんしょ・干し芋のブランド化など焦点を絞ってのブランディング戦略がスタートしている。

農林水産部職員は語る。

「今年度、われわれ農林水産部としてはメロンにチャレンジしようということで、メロンのトップブランド化に着手しているところです」

メロンの生産量は、茨城県が日本一だ。ただ、高級贈答品などでは、どうしても北海道のメロンなどのほうが認知度は高い。

そこで、メロンの茨城県オリジナル品種である「イバラキング」の高級品化に向けて見た目を向上させるなどの実証実験が始まっている。

「メロンもそうですが、その品目のトップが上がるとすそ野も広がる好循環が生まれます。そういったブランド化した品目を少しずつ増やしていければと思っています」

また、加工して付加価値を高めることも、ブランド化の方策だ。

その例が茨城県内にある。かんしょの生産農家であり、現在は「6次産業化」に取り組む鉾田市の「株式会社鹿吉」だ。6次産業化とは、1次産業である農林漁業、2次産業である製造業、3次産業である小売業などを総合的に進める取り組みを指す。

鹿吉では、かんしょを生産し、壺に入れてじっくり焼き上げる「伝統壺焼き芋」をはじめ干し芋、大学芋、芋けんぴなどさまざまな商品に加工し販売している。通販のみならず百貨店などでも販売され、またしばしばメディアにも取り上げられるなど人気を誇っている。

6次産業化のきっかけを得たのは、百貨店に営業に行ったときだと吉田喜一社長は言う。

「売り場に行ったら、(徳島名産の)『なると金時』がきれいにラッピングされて高台に置いてありました。でも茨城産や関東の芋は下のほうに、それも裸の状態になっていた。見ていると、お客さんが次々つかんでは戻しで選んでいくので、どうしても傷みが出てくる。なのにお店の方は『棚もちが悪い』と言うんですね。ならばと思って、1本1本ラッピングしてみました。そうしたら市場価格の倍の値段で売れたんです」

価値が付けば高くても売れる——それを契機として、やがて加工品の製造・販売を手がけるようになった。

「生産したものには自信があったので、加工品を作れば売れるだろうとも思っていました」

吉田社長は家業を継いで営んでいる。父母が長い労働時間を費やし、懸命に働きながらそれでも折々の波にもまれ、利益という点では見合わないと感じて育ったという。その原体験も、価値を高め、利益を上げることを図っていく動機としてあるだろう。そして試行錯誤もしつつさまざまな商品を生み出し販売、好評を得る今日がある。

オーガニック農業の推進、品目を絞ってのブランド化の推進を含め、さまざまな柱を立てながら、茨城県の農政は差別化を図り、より収益を上げられる農業を目指している。

農地の集積・集約化で大規模経営体をつくる

農業をより強くする。２０１８年、**「茨城モデル水稲メガファーム事業」**もそのために打ち出した１つだ。

「農業の成長産業化を目指し、１００ヘクタール超規模の大規模水稲経営体を短期間で育成」することを目的とし、現状は30〜40ヘクタールである経営体を１００ヘクタールにすることをうたっている。

概要としては、農地貸し付けに協力した農地所有者への協力金、農地交換に協力する耕作者に対する奨励金を出し、また地域の合意形成を支援。効率的な農業経営を実現する省力化作業体系の確立のための支援が記されている。

担当する農林水産部職員がこの事業の背景を語る。

「そもそも農業については担い手不足、それから、農業者の高齢化が直近の課題になっているのですが、高齢化や離農者が増えるのに合わせて空き農地が増えてしまうという問題もあります。そういった空き農地をできるだけ少なくしていくためには、意欲ある担い手に農地を集積・集約化していくことが農地を存続させていく上で重要です。

県としてはいかに中規模の経営体を大規模化していくかということを目指した事業を組み立ててきました」

そこには茨城県の農業事情もかかわっている。

「一部県北の中山間地域などは除くとしても、兼業農家も含めて稲作農家さんというのは非常に多いところです。ただ、どの地域においても高齢化が顕著で、『もうやれない』といった声が非常に多く聞かれます。また市町村の方でも、農地をどうにかしてつないでいかなければならないという意識を持っているところが多かったこともあり、そういったニーズに応えていく側面もあります」

高齢化に伴う離農により荒廃農地が増えていくことを防ぎたいという意図に

加え、高収益化という点では、大規模化がどういうメリットをもたらすのか。

「大規模化することによって生産コストを削減するというような観点が1つあります。作業効率を良くすることで、収益の向上をはかれます」

例えば規模が大きければ、作業を機械化するメリットが大きくなる。それ1つとっても、高収益化につながる。

それぞれに小さな農地でそれぞれが農業を営んでいるよりも、確実に効率化が図れるだろう。

「農地の集積・集約化を進めることで、まず農場に行く時間が削減されると思います。それも含め作業の効率が上げられます。また、まとめてやることによってかかる費用もかなり削減できるという観点もあり、所得向上に寄与できると思います」

ただ、集約すると言っても、簡単ではない。

農地を持って耕作している農家、農地だけ持って貸している人もいる。

「地権者、農地の所有者が地域にはたくさんいらっしゃいます。どうしても、そういった方のご意向も含めて進めていく必要があります。合意を図るため、地域の理解を得るための場を設けさせてもらって、そういった中で地域と折り合いをつけて推進していくのは難しかったところです」

壁を乗り越え、2020年度に1法人、2021年度に2法人の100ヘクタール超えを達成。**目標としていた3年で実現**した。

2022年には**「農地集約型大規模水田経営体育成加速化事業」**を策定。

「1人が大きくやるというイメージで進めていたところを、複数の経営体が統合してそこに集約化を図り、地域として100ヘクタールを目指していこうというのが、新しく考えているところです」

実現したメガファームは、県内のモデルともなり得る。

モデルが出来上がれば、目指すべきあり方が具体的に見えるようになり、そこに続いていくところも増えていくだろう。

農林水産部職員も言う。

「高齢化などの問題も含め、大規模化は県として進めなければならないこと、育てていかなければいけないことです。1つ形ができることで、そこから県内の市町村に波及していくことも狙いとしてあります。この事業の先には、市町村単位で自立的にこういったメガファームのような活動が進められるとよい、と考えています。もちろん、県としても技術指導など関係機関と調整しながら一緒に進めていく必要があります」

メガファーム事業には、省力化への支援も含まれる。

「最先端技術を入れることで、より効率的にできると考えています。つくばに国立研究開発法人農業・食品産業技術総合研究機構さんという研究機関がありますので、そういった研究機関と協力しながら進めていく環境があるというのも、茨城県の1つの強みであるように思います」

実は話を聞いた農林水産部職員も、実家は農家であると言う。

「実家では米を作っています。父から、近々、米の生産を、周りの大きい農家さんや法人に任せたいという相談があったんですね。父には農地の集積、集約化の話はしたことがありませんが、農家の本能的な感覚として、そういう思いでいる。そういう方はおそらく増えてきているんじゃないかと思うんです。農地の集積・集約化に向けた事業の推進は、まさに良いタイミングであったと私は思いましたし、現状に合った施策であると感じています。

こういった話を地域に広めて、地域でどうするか話し合いの場をもっと持ってもらうというような感じで、農地の集積・集約化を自発的に進めていっていただきたいというのが私の思いです」

グローバル市場への進出

農業を強い産業としていくためには、**販路を拡大すること**もポイントとなる。ただ国内だけで考えると、今後どうしても市場は縮小していく。

そのとき、目を向けるのはおのずと海外市場だ。**茨城県は、グローバル市場**

へのチャレンジを始めている。

すでに実績も出ている。２０１６年度の農産物輸出額は１億２９００万円であったのに対して、２０２２年度は13億１６０７万円と、約10倍になっているのだ。

これだけ大幅に伸ばすことができた要因を営業戦略部職員はこう説明する。

「いちばん大きいのは、海外に打って出ようということで営業戦略部を組織したことではないでしょうか。例えば農産物の輸出を

農産物の輸出額の推移

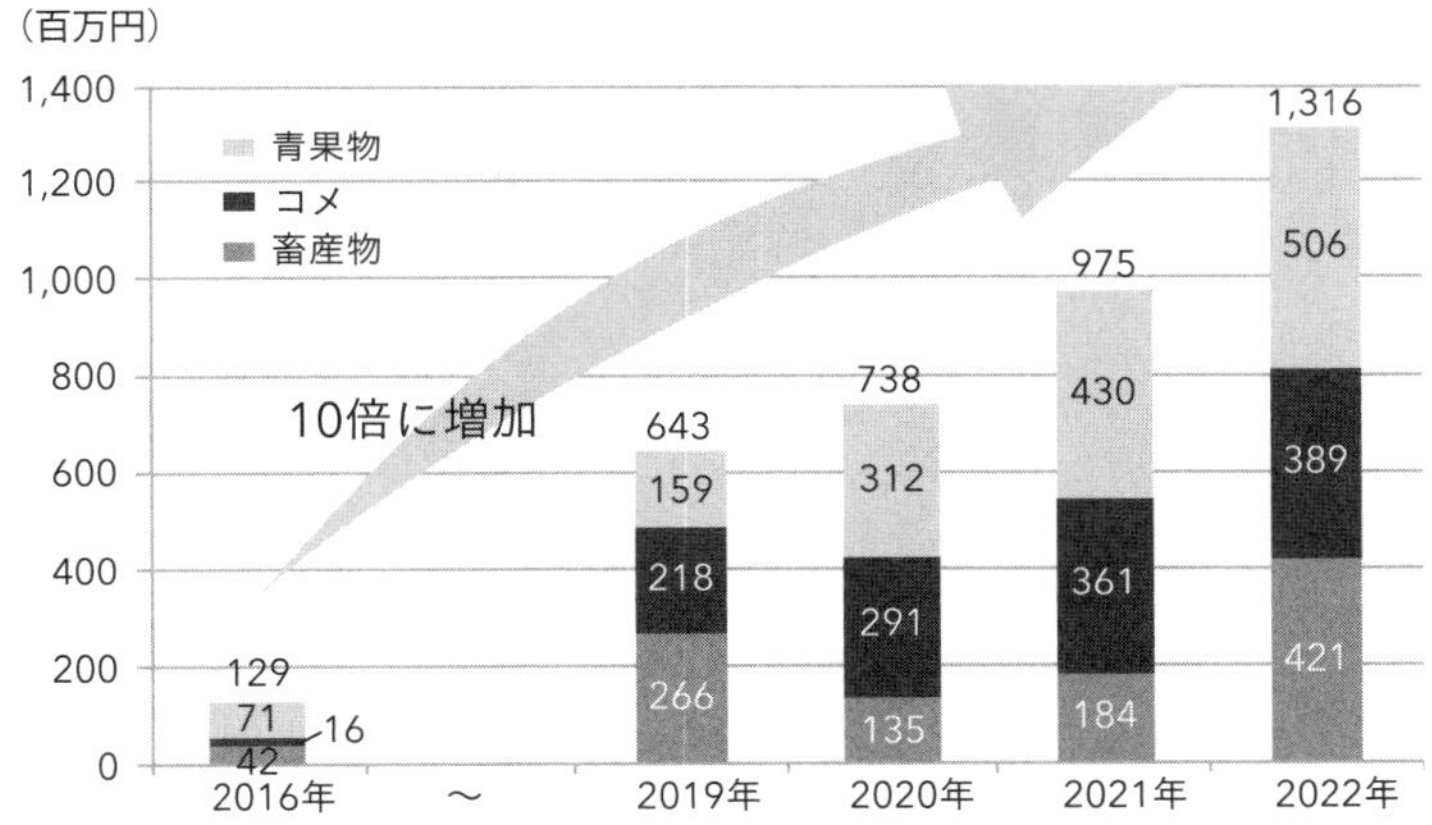

担当する農産物輸出促進チームだとか、加工品の輸出を担当するグローバルビジネス支援チームというように、組織から変えていったというのが大きいと思います。

また、県庁だけで頑張っても限界がありますから、生産者の方々、輸出などのビジネスに携わる方々に向けて、輸出の意義を伝えようと情報の発信などにも取り組んできました」

その上で、大きく3つの柱を立てて進めてきたという。

- **輸出の産地を作る**
- **販路を開拓する**
- **輸出拡大のチャレンジをする**

ただ、決して簡単なことではなかった。

「実は茨城県産の青果物は東京の卸売市場で、19年連続で取扱額が1位です。つまり従来の『茨城で作ったものを東京で売れば生活できる』という根強いマインドが、やはりどうしても大きいんですね。我々も農家の方々とお話ししたりすると、『そこまで手間をかけて輸出に向けなくても、東京に出していればそれなりの所得はありますよ』といった受け止め方が多くありました」

現状に対する不満が大きくなければ、変わろうという意志、意欲は生まれにくい。だから変化を求めようという姿勢も持ちにくい。

それは大井川知事が就任後に問題点として捉えた「危機感の乏しさ」を象徴している話でもある。

ただ、茨城県の農業が**これまでのようにはいかない将来が来る**ことは見えている。それを伝えつつ、輸出に対する障壁となっているところを取り除いていくことに努めた。

「輸出に取り組むといっても、実は手間はそれほどでもないんですよ、というマインド作りのところから始まり、トライアルでやってみませんか、と意識を向けてもらうということに取り組んできました。

今後を見据えた場合、売り先を日本国内に限定しておくと所得というのは先細りしていきます。事業の1つの柱として国内向けに出すのはあってもいいと思うのですが、もう1つの選択肢として海外向けに輸出すると、こういう選択肢が増えれば農業の収入の柱として2本柱としてやっていける。そういった訴えかけをしているところです」

粘り強く働きかけ、納得してもらいつつ説得を試みながら、少しずつ理解する人が増えていった。

世代的にみると、若い世代から進んでいった経緯があるという。

「若くして農業に参入された方々の中には、これまでどおりやっていてもちょっと先が見えないかなと感じる方もいらっしゃいます」

若い世代に限らず、のちのちを見据えて、足を踏み出そうとする農家も少なくはなかった。

「経験を積んだ方でも、今後を見据えて自分のお子さんや孫の世代まで農業を引き継ぐといった場合を考えたとき、『この先を考えたら少し外に目を向けていくことも重要だよね』と気づいていただける方もいます。そういった方々を少しでも増やしていくために取り組んでいるところです」

もう1つ、成果を残せた要因に、大井川知事のトップセールスをあげる。新型コロナウイルス感染症の影響でしばらくの間は海外に赴くことはできなかったが、2022年度後半に入り、積極的に各地に出向いては自ら売り込みを図った。

「コロナ禍による水際対策が緩和された2022年10月以降、カナダ、ブラジル、シンガポール、タイ、台湾の5カ国・地域で知事自ら積極的にトップセールスを行いました。カナダでは、主に茨城のブランド牛である『常陸牛』を現地の輸入商社へ売り込みをしました。ブラジルでは、梅干し、納豆加工品や猿島茶などの加工食品のプロモーションイベントを実施し、また、シンガポールでは、常陸牛とかんしょ（さつまいも）の売り込みを行いました。シンガポールは焼き芋が人気なので、かんしょそのものと冷凍の焼き芋を現地の輸入商社へ売り込みました。タイでは常陸牛、かんしょ、苺と水産物の売り込みを行いました。台湾では、茨城県のＰＲを行う大々的なイベントの中でかんしょと冷凍焼き芋、長芋などを販売しました」

前章でも触れたが、台湾では、観光誘客、つまりインバウンドを呼び込むことと両輪となって、大々的な広告を打ち、現地で販売も実施するなど展開を図った。

「知事がトップセールスをして終わりではなく、当然ながらその後のフォローも重要です。例えば常陸牛であれば、ただ売ろうとするのではなく、差別化するために調理をする方法などを具体的に提案するスタイルをとりつつ、実際に味わっていただき、きめ細やかで柔らかいことなどの長所を伝えて売り込みを図りました」

台湾での大々的な仕掛けや知事のトップセールスだけで海外への輸出を増やせたわけではないことを、次の言葉が物語っている。

「取り扱っている商社さんというのは1つではありませんので、輸入商社さんを探したり、輸出に興味のある茨城在住の方が、意外と現地とつながりがあったりもするので、そういった方々を頼ったりもしました。

さらに、国外に県の職員が7名派遣されているんですけれども、その職員たちにも現地での商社などのコネクションを持ち、コミュニケーションをよくしてもらうという形でも、販路の拡大を図っています」

茨城県独自で持つ海外の事務所があるのだという。

ただ、上海事務所に限られていることから、ほかの団体などの協力を得ながら進めてきた。

「JETRO(日本貿易振興機構)のように海外にも事務所を持つ組織に派遣したり、県内の銀行である常陽銀行さんの海外事務所に派遣したりしています」

地道な活動を重ねていることは、次の話でも伝わってくる。

「海外の展示会に出展するのも重要ではありますが、現地のプロの方々に実際に試していただくことも大切にしています。現地の輸入商社の方々ですとシェフの方やお店のオーナーさんをご存知なので、そういった方々にアピールしていくことも進めてきました」

常陸牛でもそうだったように、売り方でも工夫を凝らしてきた。

「例えば焼き芋ですと、健康食品、いわゆる食物繊維が豊富ですよ、という点をアピールした売り方もありますし、かんしょそのものですと、それを応用したいろいろな料理にシェフの方が調理してくださるということもあります。味の応用の仕方は通常のメインディッシュも前菜も含めてできると思いますし、スイーツという形もある。多角的に変化させることができるのは大きいと思っています」

トータルとして、海外への輸出額が大幅に伸びていることを踏まえつつ、こうした事例をあげる。

「国内に販売しているという柱が1つ、海外に展開する事業の柱をもう1本持っておくことの有効性っていうのは、輸出に取り組んでいる人にはご理解いただけているのかなと思っています。まだ輸出に取り組む前の段階の方は、どうしても書類も作らなければいけなかったりするので、そこが面倒だという話になってくるんですけども、一度取りかかれば、次から次、という形で進んでいただけるところが多いように思います」

最初の関門を乗り越えられるかどうか。それは将来を視野に入れているかどうか、見据えているかどうかにも左右される。

日本の先々を認識しているかも大きいだろう。

「今の職務にやりがいを感じている」と言う営業戦略部職員は、大切にしていることをこう語る。

「やっぱりスピード感ですね。牛肉にしても青果物にしても、茨城県だけではなく、ほかの県にもいろいろあるわけです。商社さんや輸出業者さん、そういった方々は、例えば我々が内部で時間をかけて検討している間に、ほかの地域に行ってしまう可能性もあるわけですね。レスポンスをよくしていかないと、いろんなことがよい方向に向かっていかないと思います。私ども営業戦略部でいうと、ビジネスにつながっていかない。レスポンスの速さ、反応の速さ、そこは大切にしていきたいです」

スピードを重んじることとともに、意識してきたのは、いかにアイデアを張り巡らすか。1つのやり方でうまくいかなければほかの方法にも取り組む、工夫することだ。

「正攻法だけではなくいろいろなアイデアを出しながら取り組んで工夫する。ただやみくもに輸出していくのではなく、しっかりと戦略性を持って、どの品目はどこが大丈夫か、輸出できるか、どの品目はどういうところで受けがよさそうかとか、値段も考慮しながら絞ってやっていきながら、数字を伸ばしていきたい。茨城県の美味しい農産物を世界中の方々に味わっていただくため、輸出をもっと拡大していきたいですね」

第3章

画一教育から才能を伸ばす教育へ！「教育」プロジェクト

県立高校改革を進める

人口減少社会の到来が予測される中で生き残り、さらなる成長を志していくために、産業や農業をはじめ多角的な取り組みを茨城県は見せてきた。

同時に、それら取り組みの根幹となるのは**人財の育成**にある。

とりわけ「非連続の時代」にあっては、**自ら課題を見出して取り組める人を育てること**が鍵を握る。

自分の頭で考えて、自分も含めた社会の現状を認識し、自ら変えていこうという意志と力を培うことが重要だ。それは起業家精神を持った人の育成と言い換えられる。だからのちにも触れるように、「起業家教育」を柱の1つと茨城県は捉えてきた。

そうした人財を育てていくためには教育の改革や充実を図る必要がある。

さらに教育の充実は、人財を育てることに加え、別の重要性も持っている。

例えば県外から企業を誘致する、中でも力を注ぐ本社機能の移転を促進すること。あるいは同じく力を入れる医療の充実のために医療関係者に県外から移ってきてもらうこと。

これらをはじめ、茨城県に来てもらう、移り住んでもらおうというとき、充実した教育環境があるなしは、企業が移転先を検討するにあたって考慮する材料の1つとなるし、医者のように個人であれば家族を伴って移れるかどうかを考える要因となる。

しばしば人気のある町、住みたい町などの調査結果が公表されるが、だいたいの場合、重視される項目の1つに「教育」がある。

どれだけ充実した教育環境があるかは、町の魅力にも直結するのだ。

つまり、教育環境の充実を図ることは、

- ●これからの人財を育てる
- ●企業や人を呼び込む

この2つの点で大きな意味を持っているのである。

教育環境の充実を左右する柱は、やはり学校だ。だから茨城県は、教育改革に取り組んできた。

その1つは、**県立高校の改革**である。

2020年から2026年を期間として、**「県立高等学校改革プラン」**を策定し、それに基づいて進めてきた。

教育の充実を図る目的とともに、日本全体の問題でもある人口減少がその背景にあることを、学校教育部職員は説明する。

「2018年1月から12月にかけて、高等学校審議会を行いました。人口減少が大きく進む中で、県立高等学校は今後どういうあり方をしていくのがよいのか、有識者の議論を続けてきました。人口減少についてみると、本県の全体人口が2010年から2030年までの20年間で33万2000人の減少、中学校卒業者数においては2030年のところで2万2160人。ピークであった1989年が4万9000人と5万人近くいたのと比べれば、5割以上、半減どころか6割減に近いという推計値をもとに検討を行いました」

5割以上、6割に近い減少というのは、あらためて突きつけられると衝撃的な減少幅である。

人口減少、少子化が進む中での県立高校のあり方を検討するとき、もう1つ、大切な要素となったのは**将来の職業がどう変化していくか**であった。

これまでも、時代とともに職業に盛衰や機械化などによる仕事の中身の変化があり、人財が必要とされる職業、人財が求められなくなる職業があった。ましてやデジタル化が進行し、変化のスピードが速くなることも予測されていた。

審議会が始まるのに先立つ2015年には、野村総合研究所がオックスフォード大学との共同研究の結果を発表。

その中にはAIの導入により日本の労働人口の49%の仕事がなくなることに加え、AIによって代替されていくであろう具体的な職業も記されていたことから、大きな反響をもたらした。

「その研究結果にある仕事がどう変わっていくのか、分野別に何が残るのかも資料としながら、高校生の年代でどういう教育を行っていくのがよいのかを含め、議論をしていきました。さらに、中学生や高校生の意見を聞いた上で進めていく必要があると考えました」

アンケートを実施し、さらに中学生や高校生、大学生にも審議会にも出席してもらい、直接声を聞く機会を設けた。

「中学生からは、『多様で専門的な学科や科目が高校にあるといい』という声がありました。高校生の場合には、『アウトプットに重きを置いた授業をもうちょっと高校の授業の中で展開してほしい』とか、『授業中に友達と意見を共有する、ディスカッションするような時間を』というような声を聞くことができました」

さらには県内の状況を調査していく中で実感した少子化の影響がいくつも

あった。

「県立高校の状況から言うと、当然定員が満たない状況で小規模化していく学校が数多く出てきている。そうなると、これまでできていたような学校行事やさまざまな教育活動が人の数が少ない部分でできなくなっていることがありました。

規模が小さくなることでできなくなる部分を何とかしなければならない。さらに子どもたちが高校3年間で身につけなければいけない力も10年後、20年後の社会で違ってくるだろう。こういったことを一緒に検討する必要があることを認識した上で、進めました」

その上で行ったのが**県立高校の再編**であった。

「中学校卒業者数の減少が地域によって差があるので、1学年何学級が適正というような一律の基準は設けずに状況を見ながら進める必要があるという考え方が柱になっています」

一律にはしない——その考え方は、規模に関する部分だけではない。

「県立高校の役割として、一般的にどの地域でもある程度同じ教育、高校教育として必要なものを提供していくという役割が１つあります。一方で学科の普通科、専門学科も含めて、それぞれの学科で高校卒業後の高等教育に行く子に対する教育、学びの提供以外に、職業系の学科で技術的なものも含めて、18歳で社会に出るとしたらそこまでに力をつけるような特色ある専門学科も１つの役割だと判断しています。

全ての学校が同じではなく、特色ある教育を展開するような学科を各地域に置くことで、子どもたちの選択肢と将来の職業意識を高めていく必要があるとも考えました」

改革プランでは、このような記載がある。

基本的な考え方として、

●**「起業家精神」をもった人財を育成**

を打ち出し、普通科では、

●**実社会で役立つ教育、グローバル人財育成**

を目指す。そして職業教育に関する専門学科（職業学科）として、

●新しい学科、教育内容を検討

とある。

さらに、科学教育の推進や外国人とのコミュニケーションを高める教育、ＩＣＴを活用した教育などにも触れている。

県立高校に限らず、公立校は平等を意識せざるを得ず、学校間で違いを出しにくい側面がある。平等、公平という意味では、それでよかったかもしれない。ただ、時代は変化している。

また、中学生や高校生の声に共通していたのも、**より特色のある教育**を求める要望だった。

少子化がもたらす学校規模の変化、運営面での影響を想定しての改革は、従来の教育のありようから一歩踏み出し、将来を担う人財を育成することをより強く意識した取り組みでもある。

県立高等学校改革プラン

(1)これからの県立高等学校が果たすべき役割 ○「地域の中の学校」として，地域の人財を地域で育成 ○新たな価値を創造するという「起業家精神」を育成 ⇒『活力があり，県民が日本一幸せな県』の実現 ○対話する力，活用する力，発見力，探究力，実行力等を身に付けさせる教育 ⇒大きく変化する社会等に対応し，社会を動かせる人財	
(2)活力と魅力ある学校・学科	
適正規模・適正配置	【県立高等学校の適正配置】 ○交通網の変化や生徒の通学実態に配慮し，県内を12のエリアに分け，学校・学科の配置を検討 【県立高等学校の適正規模】 ○県内全ての地域に一律で適用する適正規模の基準は設けない ○中卒者減への対応 Ⅰ期：募集学級数の調整等＋学校の魅力づくりを推進　※Ⅱ期も継続 Ⅱ期：小規模校における共同の学びを推進 さらなる小規模化⇒地域の意見に配慮 ［高等学校のグループ(共同の学び) 統合・分校化　を検討］ ○学級編制は１学級40人を標準
魅力ある学校・学科	**【基本的な考え方】** ○「起業家精神」をもった人財を育成 ・主体的な学び，課題解決型学習，プログラミング教育，実践的な英会話，体験活動等を重視 ・魅力ある学校・学科を，エリアごとに配置 **【普通科】** ○県と学校のビジョンに沿った類型コースを検討 ○実社会で役立つ教育，グローバル人財育成 【職業教育に関する専門学科(職業学科)】 ○新しい学科，教育内容を検討 ○産業界や市町村行政と連携した実践的な学び ○エリアで生徒・地域のニーズに対応できる配置 ○複数の大学科⇒総合学科への改編も検討 **【職業学科以外の専門学科】** ○理数・国際⇒特色ある教育を推進 ○芸術系⇒幅広い分野で活躍できる人財を育成 **【総合学科】** ○エリアごとに生徒・地域のニーズに対応できる配置や系列へ見直し ○複数の大学科⇒総合学科への改編も検討 【定時制課程・通信制課程】 ○定時制課程の在り方を慎重に検討 ○通信制課程の協力校の拡充及び配置の見直しを検討 **【中高一貫教育校】** ○新たなエリアの未設置地域を中心に設置を検討 ○設置にあたっては、地域のニーズや人口、既存の中学校や高等学校等への影響を考慮 ○探究活動，国際教育，科学教育等を重視 **【単位制】** ○地域のニーズにあわせ，教育内容の充実を検討
その他	**【科学教育】** ○本県の教育環境を生かした科学教育を推進 **【ICTを活用した教育】** ○ICTを活用した教育の在り方について検討 ○遠隔教育の導入を検討 **【国際教育(グローバル教育)】** ○外国人とのコミュニケーションを高める教育 ○日本語の習得が充分でない生徒への支援について検討 **【特別支援教育】** ○教職員研修のさらなる充実等学校全体の対応

中高一貫教育校が大幅に増加

２０２０年から２０２６年を期間として策定された「県立高等学校改革プラン」はⅠ期とⅡ期に分かれ、さらにⅠ期は２０２０年から２０２２年の第1部、２０２２年から２０２３年の第2部に分かれている。

その第1部で重点的に行われたのは、「中高一貫教育校」の設置であった。

この改革プランの前、茨城県にはすでに3つの県立の中高一貫教育校があった。日立市の日立第一高等学校・附属中学校、つくば市の並木中等教育学校、古河市の古河中等教育学校である。その増加を図ったのである。

茨城県では、古河中等教育校が２０１３年に開校したのを最後に7年間、中高一貫教育校の新規開校はなかった。

開校という点から見ると空白期間が長く続いていたことを思えば、この3年間の加速ぶりがより鮮明になる。

しかも、既存の3校に新規校を加えた13校という数字には大きな意味がある。**47都道府県で最多であること**だ。それからしても、中高一貫教育校の開校にいかに力を注いできたかがうかがえる。

その加速ぶり、しかも全国一を数えるほどに集中的に取り組んだ背景を、学校教育部職員は語る。

「社会全体で産業構造も含めていろいろな変化が起きていく中、グローバルな視点で物事を考えられるような人財を育成していくことを考えながら、県立高校の改革を進めてきました。12歳から18歳の6年間という長いスパンの中で行う中高一貫の教育についても、設置していた3校において、科学教育とか国際教育などのカリキュラムで成果がありました。その中高一貫教育校に関するニーズも非常に高かったので、中高一貫教育校を各地域に増やしていくこととなりました」

日立第一高等学校・附属中学校、並木中等教育学校、古河中等教育学校の3

中高一貫教育校一覧

開校年	区分	学校名
2008年	中等教育学校	並木中等教育学校
2012年	併設型中高一貫教育校	日立第一高等学校・附属中学校
2013年	中等教育学校	古河中等教育学校
2020年	併設型中高一貫教育校	太田第一高等学校・附属中学校
		鉾田第一高等学校・附属中学校
		鹿島高等学校・附属中学校
		竜ヶ崎第一高等学校・附属中学校
		下館第一高等学校・附属中学校
2021年	併設型中高一貫教育校	水戸第一高等学校・附属中学校
		土浦第一高等学校・附属中学校
	中等教育学校	勝田中等教育学校
2022年	併設型中高一貫教育校	下妻第一高等学校・附属中学校
		水海道第一高等学校・附属中学校

校であった時代の直近のデータである２０１９年度の入試でみると、３校の募集定員計３６０名に対し１１４２名が志願。倍率は3・17倍にのぼっている。この高倍率からも、中高一貫教育校へのニーズが高かったことがうかがえる。

しかも13校は茨城県内の各地域に配置されている。地域ごとの中高一貫教育校を希望する生徒のニーズに応えたことにもなる。

「この春（２０２３年度）の入試で見てみますと、13校のうち最も高

中高一貫教育校志願倍率の推移

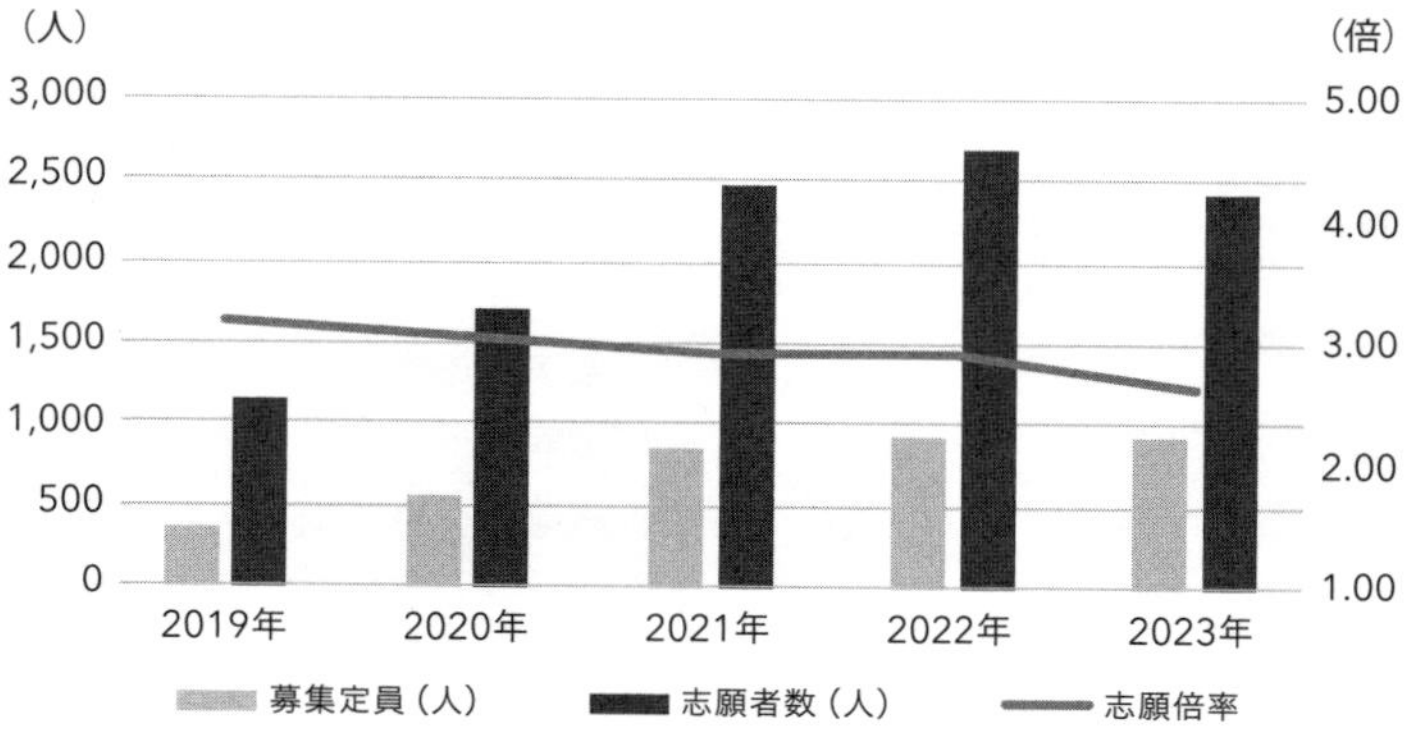

かったのが水海道第一の4・33倍で、いちばん低かったのは太田第一の1・35倍です。ただし太田第一の附属中学校も2020年度のスタートのときは1・03倍、1倍ほぼジャストからのスタートです。活動としては一定の評価が得られていると捉えています」

改革プランの中で、中高一貫教育校の設置の狙いとしてこう書かれている。

「豊かな人間性と起業家精神を兼ね備えた地域のリーダー・世界に飛び立つ人財を育成」

そして「中高一貫教育校での特色ある取組」として、

●「地域の中の学び」を通して探究活動、国際教育、科学教育等に重点を置いた教育を6年間で計画的・継続的に展開
●ICT（情報通信技術）を活用した特色ある取組を各校で展開

とある。

ここにも触れられているように、中高一貫教育校の場合、高校受検がないことから6年間を単位として長期的な計画や継続的な取り組みを図ることができる。だから各科目の勉強においても先取りしながら学んでいくこともスムーズに行える。

中高一貫である意義は学業にとどまらない。

例えば英語の学びを軸としつつ国際教育について時間をかけて深める、何かしらの探究を6年という時間をかけながら行うことで、**学業では身につかない人間的な素養などを培っていく**こともできる。

そのうえで、学校ごとのカリキュラムにも特色を打ち出している。

各校ごとの取り組みを設けるなど特色を打ち出している点も、開校した理由を明確に物語っている。

総じて、コミュニケーション能力や探究する力、海外を視野に入れた教育などを共通のベースとしつつ、それぞれに「顔」を持った学校運営がそれらから伝わってくる。

単に都道府県の中で設置校数が1位であるだけでなく、個々の学校の密度の高さがあり、そこに大きな意義があるのだ。

「6年間、一貫教育の中で中学生、高校生の学びをしっかりとつないで、特色ある取り組みを通して、当然、学力だけではなく人間的な育成も図っていければと考えています」

校長職に民間人を採用した理由

茨城県の県立高校改革で、特徴の1つにあげられるのが**民間からの校長職起用**である。

2020年度採用から開始し、同年度に2名を採用。2021年度は採用に至らなかったが、2022年度は3名、そして2023年度は2名が採用された。4年にわたって継続して行ってきたことになる。

採用は公募によって行われてきた。2023年度採用にあたっての公募の要項をみると、書類選考、録画面接による第2次選考、個人面接による第3次選考、同じく個人面接による第4次選考で実施。任期は4年間で、1年目は原則として副校長として職務にあたり、2年目から校長に登用される。

民間から公募を進めてきた理由を、学校教育部職員はこう語る。

「AIやIoTなど科学技術の進展やIT業界の人財不足もあり、今後は従来の校長職だけでは対応できないような新しい時代に突入していくことになります。

そこで、まったく別の経験をお持ちの方を校長として採用して、新しい視点からのマネジメントというノウハウを十分に発揮していただくことが、中高一貫教育校も含めて新しくスタートする学校などでは非常に有効だという考え方で校長公募をスタートしました」

公募を始めた初年度は民間人等が36名、教員27名の計63名の応募数であったが、近年はさらに多数にのぼる。

「昨年度（2022年度）の応募が1600人ちょっとで、2年続けて同程度の人数からのご応募がありました。年齢構成から言うと、20代から60代、70代まで幅広い世代ですね。

教育関係者の方もいますけれども、業種でみてもありとあらゆる広い分野からの応募がありました。会社の経営者、営業をやられている方、民間企業で部長職や取締役である方、技術畑の方もいますし、研究者もいます。校長もいます。年齢構成も業種も含めて、ほんとうにさまざまな方から応募をいただいているという状況です」

多くの応募者から選ぶ基準の一端を、こう語る。

「これまで成し遂げてきたこととか、組織を束ねる中でこういうアイデアを出してこういう方向に持っていったとか、もちろんそういった実績も選考の対象とはなりますが、それだけではなく、**学校という教育現場で具体的にどんなビジョンでどういう方向に持っていきたいのかという、その人が持っている理念**も含めて総合的に判断させていただいています」

2022年度に採用され、1年間の副校長を経て2023年度から水海道第一高等学校・附属中学校の校長になったのが福田崇氏だ。

福田氏は株式会社電通でクリエーティブディレクターを務めている。会社に在籍しつつ出向という形で就任した。

福田氏が教育に関心を抱いたのは、自身のお子さんの幼稚園を探す中でインターナショナルスクールを知ったことにあった。


「インターナショナルスクールを見に行ったとき、子どもたちが作った作品が1冊にまとめられているのを見せられました。僕はアートなどが大好きなんですけれど、『こんなすてきなものが卒業のときにもらえるのか』と刺激を受けました。こういう学校があるんだ、とすぐに入学させました」

インターナショナルスクールの、日本の教育とは異なる魅力を知って教育に目を向けた福田氏は「教育ガラガラポン」というプロジェクトを立ち上げた。

「活動し始めると、教育を変えたいと思っている人たちがたくさんいて、変え始めている人たちもたくさんいて、どんどんつながっていって勉強もたくさんできました。お話しする機会も増えていったのですが、えらそうに教育を語っているけど現場を知らない。自分でも現場を知りたい、経験したいと思い始めました」

そのとき、茨城県が民間から校長職を募集しているのを知り、応募。採用が決まると1年の副校長を経て、2023年4月、校長となった。

「校長としての大方針は、生徒の主体的な学び、主体性を発揮させるために先生方にはどんな工夫ができるかを全員で考えてくださいという話をしています。それぞれが自分の持ち場でどうやったら主体性が出るかな、というのを毎日考えています」

副校長時から、キャリアで培ってきた人脈やアイデアを活かし、さまざまな試みを実践した。

例えば東大生を呼んで、「職業選択ゲーム」というゲームを通じて自分の将来を考えるプログラムを実施した。

また「海高ダイバーシティ・トーク」では、吉本興業に所属する芸人のイージー蓮見氏を迎えてのトークショーなどを行った。

校長になった今年の5月には、ある取り組みをスタートした。

同校の愛称を名前に取り入れた「海高式探究プログラム」だ。教育関連事業を手掛ける民間企業などと提携したもので、生徒は次の分野から好きなものを選択できる。

- アート ＆ コミュニケーション
- ソーシャルイシュー ＆ コミュニティ
- アントレプレナーシップ ＆ マーケティング
- デジタル ＆ イノベーション
- ネイチャー ＆ サイエンス

それぞれの分野に精通した企業のサポートを得つつ、年間を通して学んでいくのだ。

生徒は自身の関心や興味に基づいてコースを選び、テーマを設定して取り組むことになる。それは主体性を養う機会でもある。また、年間を通して5社もの民間企業とのこうした試みは、公立高校ではおそらく全国初であるという。

「建前上は公立というのは同じ環境で同じ質のものを提供するというのが使命です。ただ、少子化の進む今、平等や均質だと言っているだけでは全部が地盤沈下してしまうように思います。

ここでの取り組みは文部科学省の学習指導要領から逸脱していることではなく、むしろその通りのことをやっています。どこの学校でもやっていいし、その1つの例を示すという思いでいます」

福田氏を迎えた水海道第一高等学校・附属中学校での取り組みの一端からも、茨城県が中高一貫教育校を増やし、民間から校長を起用した目的が伝わってくる。

ここまで4年にわたり、民間から校長を起用してきた今、学校教育部職員はその成果を実感する。

「民間でもそれぞれに違う経験を持っている方々です。ＩＴ系、ＩＣＴ系に長けている方は学校の中の組織も含め、デジタルをどう入れ込むかというところで導入して速やかな改革を行っています。働き方の部分だけではなく中学生や高校生にプログラミングの必要性や面白さを直接伝えて、全国のコンテストで入賞する実績もあげています。また、基本的に課題解決型学習を推し進めて徹底して授業の中で課題解決型学習をどう取り込んでいくかというのを先生方と議論して具現化していった方もいます。学校の中にとどまらず、地域の方にも協力してもらって放課後の時間や週末にその地域の課題に対して解決に取り組んだりもしています。

民間に限らず教員である方も含め、校長を公募する中で新たな発想を持って学校教育や学校のマネジメントをしてくださる方を求めていくという趣旨で、今後も校長の公募を続けていく予定です」

最新のIT・サイエンス教育を導入

中高一貫教育校を加速度的に増やしてきたあと、2023年度にもう1つの試みが形となった。

新しい県立高等学校が開校したのである。つくば市の「つくばサイエンス高等学校」、笠間市の「IT未来高等学校」だ。

つくばサイエンス高校は、以前からあったつくば工科高校が学科を改編してスタートを切った。もともとは機械科、ロボット工学科などを持つ学校であったが、科学技術科の1学科となった。

IT未来高校は、2024年春に閉校する友部高校の校舎を改修。IT科のみを持つが、情報科だけの高校は全国で初めてであるという。

学校教育部職員は両校の設立の経緯をこう語る。

「つくばサイエンス高校は、高等学校審議会の中でより実践的な学び、特に高校時代にディスカッションをしっかりやりながら研究などを重視した学びを進める場を、という意見から生まれました。これまでも農業や工業、商業といったことを学ぶ学科がありましたが、科学技術科という化学、生物、物理、数学を横断したような学科はありませんでした。課題解決から探究・研究をしっかりとできるような施設設備を整えた学校ということです。

ＩＴ未来高校はプロジェクト学習という形でしっかりと学べることを考えて新たな学科を設置しています。これは完全に情報に特化した学科で、情報システムと情報デザインを含めた基礎から、コースに分かれてある程度の技術習得までやれるような学科ということになります。また設置場所が笠間市なので、県内全域からある程度通学が可能な場所でもあります」

つくばサイエンス高校は目指す学校像として、「科学技術に関する探究活動を通して、次世代の科学技術と社会を担う志を持つ人財を育成する学校。大学や企業、研究機関との連携を通して主体的かつ協働的な学びを推進する学校」

を、生徒像として「新たな価値を創造する『起業家精神』を持つとともに、さまざまな課題解決と社会への貢献を志す生徒」を掲げる。

授業内容は大きく4つに分かれている。

●ロボット領域…宇宙・農業・医療など様々な分野と融合するロボティクス分野を探究

●情報領域…日常生活にIoTやAIが結びつくために欠かせない情報技術分野を探究

●建築領域…建築に必要とされる「用（機能性、快適性）・強（耐久性）・美（芸術性）」を探究

●化学生物領域…環境、エネルギー、農業、食品など様々な分野と融合する化学・生物分野を探究

生徒は1年次にすべての領域を学んだあと、1つの領域を選択。2年次以降は選択した領域の専門的な授業を受けていくことになる。

これらをみていくと、専門性のある教育を受ける環境を整えるとともに、「起業家精神」とあるように、ただ科学技術を学び知識を得るにとどまらず、時代の要請にも応えるカリキュラムから学ぶことを通じての人財育成、リーダーシップを持つ人間を育てることが主眼であるように思える。

ＩＴ未来高校もまた、豊かな特色を感じさせる学校だ。

校名の通りＩＴを専門とし、それに即した授業を行うのもさることながら、教室を見渡すとＷｉｎｄｏｗｓ、Ｍａｃ双方や３Ｄプリンタ、あるいは印刷用途に用いられる大型のプリンタなど、設備の面でも充実ぶりがうかがえる。

一学年の定員は80名だが、ユニークなのは「昼間定時制」の2部制をとっていることだ。

ただ、いわゆる全日制と定時制とは異なる仕組みになっている。

どういうことかというと、1時限から6時限のうち、1時限から4時限をコアとする部と、3時限から6時限の時間帯をコアとする部とに分かれていて、3時限からをコアとする場合の始業時間は午前10時45分。だから夜間のイメージが強い定時制とは異なる。

同高の津賀宗充校長は意図をこう語る。

「県の中でＩＴに特化した高校はここしかないんですね。そうしますと学びたい子が遠方にいた場合に、通いたいけれども行くのが大変だということを考えると、少し始業時間を遅らせてあげれば通うことができるだろうということです。ある程度遠方でも通える仕組みを作ったということです」

今春入学してきた一期生には、片道2時間かけて通う生徒をはじめ、1時間を超える通学時間の生徒たちがいるという。

「話を聞くと、設備、授業内容などを見て、ここで勉強したいということで通っています。やっぱりみんな、ITが勉強できるからというところで入学してきていると思います。中学生のときはどれだけITやプログラミングといったことが好きでも、友達同士でそれを共通言語にするのは難しいですよね。ここではそれらが当たり前なので、だから行きたいという意欲も強いように思います。そういう意味では、ニーズに応えていると言えるのではないでしょうか」

さらに卒業まで3年間、4年間のいずれかから選択することができる。

「2部制にした趣旨と同様に、子どもたちにある程度自由な時間をとらせるためです。授業以外の時間を使って、それこそ在学中に会社を起こすなり、社会で活躍できる子が出てきてほしいと思っています。上級学校に進むのを待つことなく」

そしてこう語る。

「現在の茨城県の教育は、強いところを伸ばそうとしていると言えます。これからの時代、それが重要であり必要だということは、当然誰もが分かっていることだと思います。その中でここまで具体的な策を考えて実際に取り組んでいる都道府県はありません。学校のミッションが明確でどんな方向を向いているのかにぶれがないので、そういう意味ではやりやすい学校ではあります。子どもたちもそれを魅力と感じて来ています。つまり、子どもたちにもぶれが生じないということです」

特色ある2つの高校ができたことに、学校教育部職員はあらためてこう語る。

「今年度、一期生が入学したところなので、まだまだ学校の教育活動自体の細やかな部分は今からすべてを作っていく段階です。それをしっかりと作り上げて教育内容をどんどん周知していきたいな、と思っています」

つくばサイエンス高校、IT未来高校から、どのような生徒が巣立っていくのか。期待感とともに、2つの高校はスタートを切った。

グローバル人財が続々育つ土壌づくり

縮小傾向にある日本社会。その中で、国内のみを視野に入れていても、人生に大きな広がりはないのではないか。また、そうした視野と能力にとどまる人財ばかりであれば、社会の発展の可能性も狭まる。

そうした視点もおそらくはあるだろう、茨城県が力を注ぎ始めたのは**グローバルに活躍できる人財の育成**だ。

「グローバル人財が続々育つ土壌づくり」を据えて、目指す資質・能力として、「語学力・コミュニケーション能力」「主体性・積極性・チャレンジ精神」「協調性・柔軟性」「責任感・使命感」「異文化に対する理解と日本人としてのアイデンティティ」をあげている。

学校教育部職員が語る。

「まずは本県の子どもたちの英語の力をしっかりつけていくために、中学生と高校生を対象にいろいろなプログラムを用意しています。中学生については小中学校を管轄している義務教育課が、高校生については高校教育課がそれぞれに立ち上げています。中学、高校、それぞれの年代でどんな力をつけていくべきか、どの年代でどんな学びを提供するのかが非常に重要だと思っています。一方で次世代グローバルリーダー育成事業のように、中学のときからスタートして高校生まで継続してやっている事業もあります」

「グローバルリーダー」という言葉が出たように、いわゆる単純な語学力をつけるだけではないことは、カリキュラムにも表れている。

中学生を対象とするものには、次のような項目が並ぶ。

「次世代グローバルリーダー育成事業」には、例えば、

- **オンラインでの英語講座**
- **イングリッシュキャンプ等の実施**

などが掲げられている。

さらに「英語コミュニケーション能力育成事業」では、

- **英語プレゼンテーションフォーラム（中学・高校合同実施）**
- **高円宮杯中学生英語弁論大会**

などが記されている。

高校生を対象とした「国際社会で活躍できる人財育成事業」においては、

- **茨城県高校生国連グローバルセミナー**
- **英語ディベートの推進**

などが掲げられる。

コミュニケーションからさらに進んで、英語で議論する力を養うとともに、「SDGｓ」とあるように国際問題や社会問題に目を向ける能力をあわせて磨くことが目的とされている。

「あとは海外の留学ですね。高校生になって海外に短期留学、長期留学するという場合に県としても応援するような仕組みも作っているところです」

こうした取り組みに、胸を張る。

「ほかの都道府県でも、国際社会で活躍できる人財をどう育成するかというプログラムはないわけではないと思いますが、全体的に見ればやはり先行していると考えています。

特にネイティブ英語教員の採用の部分ですね。通常の市町村の中学校だけではなく、小学校にもネイティブの英語教員を配置しています。小中高でネイティブの英語教員が駐在することによって、子どもたちだけではなく、英語の先生たちにもいろいろな影響を及ぼしています。教育現場全体として、グローバル人財の育成に非常に役に立っていると考えています」

グローバル人財の育成の点で、もう1つの取り組みもかかわっている。「外国人の生徒への支援の充実」だ。2022年度から始まった。

そのねらいとして「日本語を母語としない生徒も個々の能力を発揮できる教育体制を構築することで、地域社会の担い手を育成する」とある。常総市の石下紫峰高等学校、結城市の結城第一高等学校において実践されている。

学習面では、

「入学する生徒の言語能力に応じて、国数英などで習熟度別学習（取り出し授業やティームティーチング）を実施し、日本語の習得や、各教科における専門的な用語や抽象的な表現などを含む学習内容を理解できるよう支援する」。

また学校生活の面では、

「日本語を母語としない生徒も安心して学校生活を送るとともに意欲的に学習に取り組めるよう、両校に新たに配置する外国人生徒支援コーディネーターと学校、関係機関等が連携して支援を実施」

としている。

「茨城県に住んでいる外国人の方々の支援という趣旨ですが、日本人と外国人が一緒に学ぶ時間が増えれば、自然と相互理解や多様性を認め合うという姿勢も育ちます。ひいてはそれがグローバルな人財の育成につながっていくと考えています」


県立高校の改革、中高一貫教育校の増加、民間からの校長職起用、専門性の高い高校の開校……その根本にあるのは、横並びでよし、平等に学ぶ機会があればよしというのではなく、**個々の志向や能力を発見し伸ばしていこう**という姿勢である。


「いちばんは、挑戦することですね。新しい時代に向かって新たな挑戦をすること。挑戦していくような人財を育成していくことを大切にしています。

この5年、施策として打ち出したものは非常に多いと思います。スピード感をもって取り組んできました。例えば、改革プランでは新型コロナウイルス感染症の流行の以前から遠隔教育やＩＣＴなども打ち出していました。そういう社会、世の中になると想定した上での計画です。その後、予期せぬコロナが来ることになりましたが、時代の変化に応じてスピードをもって取り組んできたことが、コロナの流行によるものではない、将来を見据えたさまざまな改革につながっていると思います」

第4章

日本で一番幸せな県を目指して「幸福度Ｎｏ.１」プロジェクト

多様性を認め合う社会へ

茨城県がほかの都道府県に先駆けて取り組んできたことの1つに**ダイバーシティの推進**がある。

人口の減少、とりわけ生産年齢人口の大幅な減少により、労働力が不足するのをはじめ多様な影響がもたらされる将来を考えれば、女性や若者、外国人などこれまで以上に多様な人財が活かされる社会を実現することが社会の維持、成長に欠かせない。

県立高校の改革をはじめ、中高一貫教育校の増設、専門性の高い高校の開校、これらの取り組みもまたダイバーシティの推進と通じるものがあり、そしてある意味、日本のこれまでのあり方を変えようというものでもある。

平等性や公平性を重んじ、みんなが同じ価値観と意識を持つ集団であることから脱け出そうとする取り組みであるからだ。

「みんないっしょ」であることよりも、**1人1人が自身の価値観を養い、望む**

方向に伸びていくことを後押しする、そうした姿勢が教育のさまざまな改革に込められている。これまでと同じではいられない、ただできあがった道を進むだけではいられない日本の将来を見据え、自ら考え判断し行動できる、そうした若者を育てる試みでもある。

それは、多様性を認めることを意味する。

「1人1人、違っていいじゃないか」――そうでなければ、未来は成り立たないからだ。

多様性を認めていこうという姿勢は、2019年7月に創設した**「いばらきパートナーシップ宣誓制度」**にもうかがえる。

いばらきパートナーシップ宣誓制度とは、婚姻制度とは異なり、一方または双方が性的マイノリティである2人の者が、互いの人生において、互いに協力して継続的に生活を共にすることを約したことを宣誓し、パートナーシップの関係にある者同士がそろって宣誓書を県に提出し、県が受領証などを交付する制度だ。

2023年7月までに99組がこの制度を利用している。

受領証は、公営住宅の入居申し込みや公立病院での手術同意などの際に利用できるほか、民間の一部では携帯電話の家族割や生命保険の受取人などといったことに利用できる。

また、民間でさらに活用が広がるよう、県では協力を依頼しているという。

2022年8月には都道府県間で初めて佐賀県とパートナーシップ宣誓制度で連携する協定を結んだ。連携協定により、茨城県と佐賀県の間で引っ越しをしたときには、引っ越した先であらためて宣誓する必要はなく、定められたサービスを利用することができる。

さらに2022年11月には岡山県笠岡市、鹿児島県指宿市と、2022年12月には北関東3県で連携協定を結んだ。

実は茨城県は、47都道府県の中で最初にこのパートナーシップ宣誓制度を設けた県だ。現在では12都府県に広がっているが、その先駆けである。

これも多様性を認めていこう、多様性のある社会にしていこうという表れだと言えるだろう。

なぜ多様性＝ダイバーシティを重視しているか。

先の教育の改革にも表れているように、「1人1人のもてる力を活かしていく」ためにほかならない。つまらない偏見などで個をつぶしてしまう無意味さをも伝えようとしている。

大井川知事はこう語っている。

「最初から『この人はこうだから』という決めつけを、私は社会から排していって、才能とか能力とかやる気とか誠実さとか、そういうことで人を判断していくような社会にしなきゃいけないなというふうに思っています」

人口が減少していく社会では、才能をつぶしてしまうこと、個を伸ばさず生かさずにおく余裕はない。そうした意味からしても、多様性＝ダイバーシティは重要性を増している。それを強く認識するからこそ、ほかの都道府県に先駆けて制度を設け、推進してきた。

むろん人口減少という課題に対する取り組みにとどまらず、**多様性が認めら**

れる社会は、誰もが生きやすい場でもある。

そういうことを踏まえても、茨城県の時代を先取りした将来設計のあり方は大きな意味を持っている。

多様性とは、LGBTQにとどまる話ではない。

2020年11月、「ダイバーシティ推進センター」がオープンした。その前身は2020年4月に設置した「男女共同参画センター」であり、今も男女共同参画に関連する事業も実施している。

つまり女性の地位向上や能力を発揮できる環境づくりもまた、多様性の推進に含まれる。

裏返せば、これまで女性がそうした環境におかれていなかったことを意味している。

茨城県では県職員においても女性登用にこだわって取り組んできた。

従来、昇進についてはいわゆる年功序列であったという。例えば課長は50歳以上であることが求められてきた。

結果、その年代に昇進対象となる女性が少ないことから、男性が占めることとなった。女性職員の割合、特に幹部の割合を引き上げようと試みたが、課長は50歳以上といった年齢などでのさまざまな線引きがあって、それらが障壁となっていた。

ただ、それらの線引きは法的な根拠に基づくわけではなく慣習だった。ただ県の常識として存在しているだけだった。

大井川知事は「県の常識ではあっても世の中的には非常識」、変えればいいだけの話としてあらため、女性の登用の機会を拡大した。

むろん女性だけではなく、若手からの抜擢も考えてのことだったが、女性にも、能力があればどんどんチャンスを与える姿勢を打ち出したのである。

その根幹は、年齢云々ではなく能力がある、仕事ができる者が管理職になること、そして能力のある人物に県政を牽引してほしいという思いだった。だから女性が活躍できる環境づくりも推し進めている。

将来に課題を先送りしないための取り組み

ダイバーシティの推進は、人口減少社会の到来に対する答えの1つだが、人口減少社会がやってくる未来を招いたのは、課題であることは分かっていたのに本格的に対策に取り組まず、問題を先送りしてきたことが大きい。

今でこそ日本社会は人口減少や少子化という大きな課題に直面し、どう取り組むのか、解決を図るのかと叫ばれている。

振り返ればいずれの問題も数十年以上前から人口の推移の予測が示され、日本の重要な課題として取り沙汰されていた。それでも本格的な取り組みはなされず、むしろ先送りしてきた結果が今日とこれからの日本に重くのしかかっている。

えてして重要な課題であればあるほど、そこに利害関係が大きくかかわり、賛否が渦巻く。

いざ取り組めば批判の矛先も向けられる。そこに費やすエネルギーや労力を考え、課題から逃げがちなのが現実でもある。

しかしこれは、若い世代、これからの時代を担っていく子どもたちに負担を押し付けるということでもある。

裏返せば、このような重要な課題に取り組むには、**真に豊かな将来を築いていきたい、未来に負担を押しつけたくないという姿勢と覚悟、責任感**がなければならない。

近年の茨城県は、まさにこうしたいくつもの重要な課題に取り組んできた。

その1つが、産業廃棄物最終処分場の問題だ。茨城県には2005年に開設された「エコフロンティアかさま」（笠間市）がある。公共の処分場であり、陸上埋立ての処分場として日本最大級の規模を誇る。

だが、残余容量が減少し、10年も経たないうちに上限に達することが見えていた。もし処分場が機能しなくなれば、産業界にとっては大きな問題となる。仮に民間処分場に引き取ってもらうとしても、かかる費用はふくらむ。

産業の発展を考えた場合、重要なインフラである産業廃棄物最終処分場を今後どうするか——つまり新しい処分場の整備が課題として浮かび上がっていた。

ただ、それは簡単ではない。

エコフロンティアかさまがつくられるときにも反対運動が起こり、長く続いたことが象徴するように、積極的に受け入れる自治体があるわけではない。何よりもそこに住む人々の抵抗が強いのはどの地であってもかわりはない。

だから茨城県でも、課題として見えつつも、取り組みが積極的に進められることはなかったという。

それでも動き出した。決断したのは大井川知事であった。

2019年から県全体を対象に候補地の選定を開始。埋め立て規模などを条件にまず候補地を選ぶと、立地条件や社会条件、生活環境条件などから絞り込みをかけ、現地調査を行ったうえで自然環境や生活環境への影響が少なく、経済性に優れているなどの観点から3カ所を選定。

そして3カ所から最も処分場整備に適しているとして2020年5月、新産業廃棄物最終処分場整備候補地を日立市諏訪町に決定した。

2021年8月、日立市の同意を得ると、2022年4月に「新産業廃棄物最終処分場基本計画」を策定、同年12月には「新産業廃棄物最終処分場整備に係る確認書」を取りかわし、整備を推進してきた。2026年度末の完成を予定する。

産業廃棄物処分場だけが逃げられない問題ではない。「カーボンニュートラル」もまた、将来を見据えたとき、取り組むべき課題として浮上する。

二酸化炭素をはじめとする温室効果ガスによる「地球温暖化」が地球環境にさまざまな弊害をもたらし、そのため温室効果ガスを減らす取り組みが世界的になされている。

日本も2020年10月、菅元総理大臣が所信表明演説において2050年までに「カーボンニュートラル」を目指すことを宣言した。

カーボンニュートラルとは温室効果ガスの排出を全体としてゼロとするとい

うもので、排出せざるをえなかった分については同じ量を吸収する、あるいは除去することで、差し引きゼロにすることを意味している。

カーボンニュートラルを目指す重要性の理解は広がっている。

ただ、それを実現するのは容易ではない。温室効果ガスの多くは産業界から排出される。それを減らしていく技術はあったとしても、かかるコストなどを考えると、経営面からすぐさまできるわけではない。

ましてや価格競争を繰り広げている中、カーボンニュートラルに邁進してコストがかかりそれが価格に反映されれば競争で置いていかれる。

２０２１年１月、帝国データバンクが温室効果ガス排出抑制に関する意識調査の結果を発表した。それによると排出抑制に取り組んでいる企業は82・6％にのぼったが、２０５０年にカーボンニュートラルを達成できると考える企業は15・8％にとどまり、大半は「できない」「困難」という意見であった。

課題としてあげた中で最も多かったのは「ほかに優先すべき項目がある」で、「どこまで取り組めばいいのかわからない」「ノウハウやスキルがない」といった回答も少なくなかった。

そもそも日本全体の目標として掲げるにしても、地域が抱える産業によって、つまり都道府県ごとに事情が異なる。

茨城県の場合、火力発電所があり、製鉄所があり、温室効果ガスの排出を減らすのは容易ではない背景がある。だから、仮に他の都道府県と一律に求められても同じようなわけにはいかない。

うかつなことをすれば、茨城県を支えてきた産業界に見捨てられる可能性も決してないとは言い切れない。

それでもカーボンニュートラル推進へと舵を切った。ただそこには新たな産業発展が織り込まれている。

カーボンニュートラルが日本の、いや世界の目指す目標であり、そこに対応できない企業はいずれ、グローバルな市場から締め出されることになる。

だから国際的なビジネスを指向する、現にそこにも軸足を置いている企業にとっては重要な課題だ。

茨城県には、技術を開発する能力のある数々の企業がある。また、研究を重ねてきた大学など研究部門もある。それらと連携しつつ、カーボンニュートラルのビジネスや産業を茨城県に築こうというのである。

2021年、「いばらきカーボンニュートラル産業拠点創出プロジェクト」を立ち上げると、産学官が連携する基盤となる協議会を設置し、200億円の基金を創設するなど取り組みを開始した。

2022年9月には、鹿島臨海工業地帯におけるカーボンニュートラルの実現に向け、三菱ケミカル株式会社と戦略的パートナーシップ協定を締結。鹿島臨海工業地帯における循環型コンビナートの形成や茨城臨海部を拠点としたカーボンニュートラル産業拠点の創出に向けて、取り組んでいくためのものだ。

その中では、ケミカルリサイクルによるプラスチック資源循環や化石燃料由来からバイオ由来の原材料への転換、コンビナートから排出される二酸化炭素の原料化などをともに行っていくとされている。

こうした一連の取り組みには、カーボンニュートラルへ向けて、受け身であるのではなくむしろそれを取り込んで先進的な県であろうという姿勢がある。

県の将来を見据えた取り組みには、「つくばエクスプレス」の延伸もある。東京の秋葉原駅と、埼玉県、千葉県を通ってつくば市のつくば駅を結ぶ路線で、2005年に開業した。

秋葉原駅とつくば駅を最速の場合45分で結ぶ路線により、通勤、通学などの行き来は格段に利便性を増した。そのため、沿線地域は人口や商業面などを含め発展がみられる。県北と比べると、格差も生じてきている。

将来設計としては、こうした地域間の格差も解消していきたい。そこでつくばエクスプレスの延伸に取り組み、調査や意見を公募するなど検討を進めてきた。また、延伸する場合の費用をどこがどのように負担するかもかかわってくる。それらを踏まえた上で、まずは土浦方面に延伸することを決め、具体化しようとしている。

つくばエクスプレスの延伸にも、費用負担の点、黒字化することができるのか、決して賛成ばかりが占めていたわけではない。どの方面に延ばすべきか、そこでも議論は分かれただろう。

それでも1つの方向を打ち出した。

つくばエクスプレスの延伸だけではなく、産業廃棄物最終処分場のこと、カーボンニュートラルのこと、そのいずれにおいても、さまざまな考えがあり、どのような決定をするにしても反対もあるであろう、その中で推進してきた。先送りしない、責任をもって対処するという姿勢があるからこそ、進めることができたものたちだ。

つまりは、県の姿勢がそこに浮き彫りになっている。

県民が「日本一幸せ」と感じるために

2022年3月、今までになかったある指標のランキングが発表され、話題を集めた。茨城県が雇用や産業などさまざまな政府統計等をもとに算出した**「いばらき幸福度指標」**である。

このとき、茨城県は総合順位9位であったが、都道府県でこうした全国を対象とし、政府統計などの客観的指標で全国順位を出すのは初のことだった。

いばらき幸福度指標を導入した背景と目的として、こう書かれている。

●茨城県が考える幸福

県民一人ひとりが未来に希望を持つことができ、自身のなりたい自分像に向かって一歩でも二歩でも近づいていけるよう、挑戦を続けられること

●目的・概要

○今まで抽象的だった幸福を「見える化」

↓県民一人ひとりの幸せが実現できる環境の状況を数値で把握

○全国順位を算出

↓政策課題の明確化、本県の豊かさ・暮らしやすさをわかりやすく発信

県政のどこに課題があるのかを確かめるとともに、茨城県の住みやすさなども分かりやすい形で伝えようという意図がそこにある。

その後、社会経済情勢の変化などを踏まえて新たな指標を加えるなど改善を試み、２０２２年12月にあらためて出された順位では、茨城県は全国で10位であった。

いばらき幸福度指標の各指標は、「新しい豊かさ」「新しい安心安全」「新しい人財育成」「新しい夢・希望」の４つのチャレンジに分けられ、計38項目（２０２２年３月発表時）が設けられている。指標は公表されている政府統計など、客観的データを用いている。

例えば「新しい豊かさ」なら雇用、産業振興、農林水産業、観光振興、環境保全の５つのくくりのもと、雇用者報酬（雇用者１人当たり）、正規雇用率、県民所得（県民１人当たり）、農林水産業の付加価値創出額（県民１人当たり）、外国人宿泊者数、国内旅行者数など10項目が設定されている。県独自といっても我田引水なく、幅広く捉え、客観性を目指していることがうかがえる。

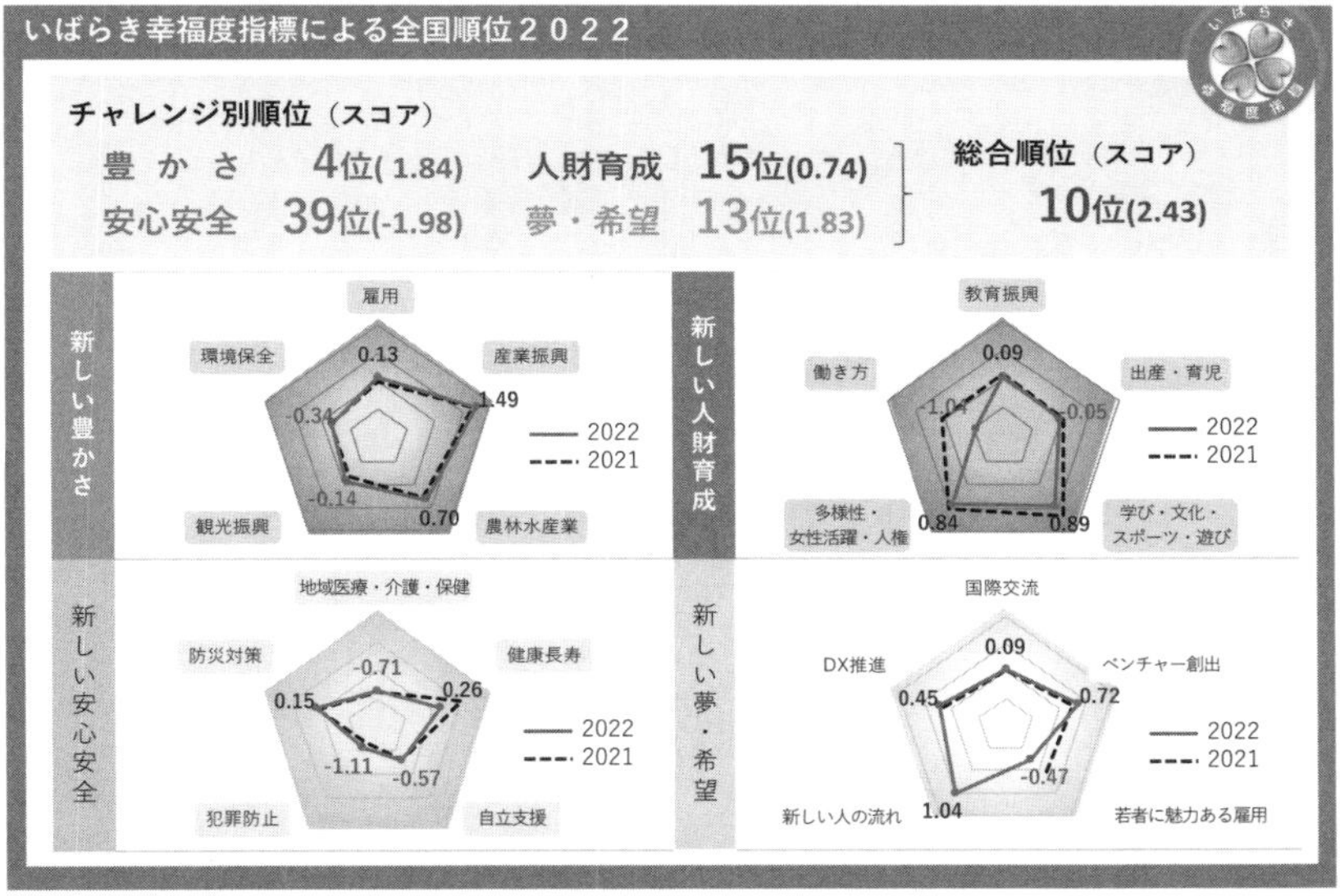

参考に、全国で10位であった2022年12月発表の指標では、「新しい豊かさ」では全国で4位。「新しい人財育成」では全国で15位。それに対して「新しい安心安全」では全国39位と低い順位になっている。

あらためて、県の強みや弱み、課題とすべきところが捉えやすいことが分かる。

ただ、このような客観性を持った指標を作成した根底には、もっと大きな目的がある。

2022年度から2025年度の期間を対象とした県計画「第

2次茨城県総合計画～「新しい茨城」への挑戦～」の中に、ある見出しと記述がある。

「県民幸福度Ｎｏ．１への挑戦」だ。

そこにはこう書かれている。

本県では「県民一人ひとりが未来に希望を持つことができ、自身のなりたい自分像に向かって一歩でも二歩でも近づいていけるよう、挑戦を続けられること」を幸せと考え、本計画の推進により、県民の皆さんが幸せを実現できる環境づくりを進めます。

そしてこう結んでいる。

幸せの実現に向けた様々な取組を踏まえ、そのような環境の整備・充実状況を把握するため、新たに「いばらき幸福度指標」を導入し、県民幸福度Ｎｏ．１を目指します。

つまり、全都道府県のうち、幸福度が1番であることを目的として、その尺度としてつくられたのが「いばらき幸福度指標」であったのだ。

だから指標で課題が浮かび上がれば、その改善に動いてきた。

茨城県は、人口あたりの医師数が下位に低迷していることが分かると、まず各地域の中核病院にフォーカス。中核病院に行けば心臓や脳、癌など生命にかかわるような病気でも治療にあたってもらえる、入院できる体制を守ることに取り組んだ。

病院自らの努力だけでは医師の確保が難しい場合、県が、ときには大井川知事自ら大学病院や大学の理事長にあたり、必要な医師を依頼していった。確保にあたっては期限を切り、一定期間で何人というように明確にスケジュールも設定。そして目標とする中核病院の体制を安定させることに成功した。

これは一例に過ぎない。

スピード感を持ち、選択と集中を図った上で可能性を拡げようと挑戦する姿勢とその体現がある。

人口減少により社会のあらゆる面が影響を受け、やがて縮小し転落していく危機にある日本社会、その中で茨城県はいち早く危機を乗り切るための取り組みを行ってきた。

そしてそれは、ただ乗り切るというだけにとどまらない意志とともに進められている。

大井川知事は言う。

「世の中から注目される、世界から注目される自治体に生まれ変わることは十分可能じゃないかな、と私は思います。国内だけで注目されてもこれからは意味がないので、『世界から注目される自治体になる』というのが今の合言葉です。茨城県にはそのポテンシャルがあると思っています」

茨城は世界を目指す

茨城県は世界を目指す――それを唐突と見る向きも、飛躍しすぎていると見る向きもあるかもしれない。

でも、さまざまな立場で茨城を語る人々の言葉に耳を傾けたあとは、どうだろうか。

ＩＴ未来高等学校の津賀宗充校長は、校長になるまでに長年、茨城県内で教壇に立ち、教育委員会に長年、籍を置いた。

現場と現場をサポートする場と、その双方から茨城の教育に携わり、生活を送りながら教育を通して茨城を見つめてきた。

その経験から見る茨城はこうだ。

「教員として学校にいたときから思っていたのですが、茨城は『食べていける』んですよ。ほかの県に出ることなく、自分の県の中で生活していける。一定の生活水準を維持できる県です。農業が大きなウエイトを占めていますし、近場に大きな企業もたくさんある県ですから。そこは他県と比べて、強みではあったと思います」

話を聞いた農産水産部職員はこう話す。

「地形的に山もありますけれども、平野部がとても広いのと、海に面しているので河川も発達していますから土壌がいいんですよね。土の成分がすごくいいのでできる作物がおいしいですし、基本的にどんな作物もまんべんなく、しかもいいものが獲れます。気候的にも非常に穏やかで過ごしやすいですし、人が生活する環境としてはすごくいい県だと思います」

茨城県に暮らし働いてきた目線ではなく、「外部」からはどう見えるのか。

民間から水海道第一高等学校・附属中学校の校長になった福田崇氏は着任前、電通のクリエーティブディレクターとして東京に暮らしてきた。

「校長になる前のイメージは、はっきり言って茨城県にはゴルフ場にしか来たことがないので、そのイメージでキャッチフレーズをつけるとしたら『ゴルフ天国』です。

今、つくば市の研究学園駅のあたりに住んでいますが、これだけまだ土地があって、しかも行政の再開発とかではなく民間の力で町が新たにできようとしているっていう姿を見ます。人口は増えているし、僕が住民票を出しに行くときにはつくば市役所で何時間待たされるんだろうというぐらい転入者が相次いでいて、正直、すごい勢いを感じたんですね。つくばに住む前は守谷で物件を探していたので、守谷の魅力も分かっています。守谷も人口が増えていて、もちろんその理由として『つくばエクスプレス』の存在もあると思います。でも、だったらその沿線の、茨城県ではない街でも人口が増えてもおかしくないのにそうなっていない。土地があって環境がよくて、魅力的なライフラインさえ通れば人はどんどん住む、つまり高いポテンシャルを持っていると感じます。

そこにたぶん、『子育てがしやすい』が加わってくるとけっこう無敵で、その延長にはいい学校があるというのが大前提。そういう状況になれば鬼に金棒だなと思っています。実はインターナショナルな環境が弱いなと感じていましたが、来春、筑波小学校跡にＧＩＩＳ（グローバルインディアインターナショナルスクール）ができるとニュースで観ました。これこそ先見の明ですよね。つくば、守谷を中心に人口が増えるという奇跡が起きている県だと思いますし、『知らないともったいない県』、それくらい言ってもいいんじゃないでしょうか」

２０２２年3月、茨城県ひたちなか市に新工場の用地を取得、２０２３年1月25日に起工式を執り行ったＪＸ金属。茨城県とゆかりの深い企業だが、東京本社にいる執行役員の川口義之氏は、茨城の魅力をこう語る。

「たくさんありますけどね。一般的な話ですけれども、食べるものがおいしいですし、茨城のお酒もおいしいのが多い。観光資源も、それこそ日立の海はほんとうにきれいですし、大洗もそう。日立より北部に行けばなおきれいですから、あのエリアは関東でも見どころが集積していると思います。しかも首都圏からの距離も、1時間半から2時間くらいです。近いですよね」

それぞれの視点から語られる茨城県。それらを通して言えるのは、広大な豊かな土地を持つことをはじめ、「恵まれた」県であるということだ。

それはポテンシャルと捉えることができるし、恵まれているからこそ、農業が発展し、さまざまな大企業が工場などを立地してきた。

「食べていける」という所以である。


JX金属の川口氏は、こうも語っている。

「もう1つ、印象が強いのは県内の人はほんとうに茨城のことが大好きなんだなということです」


一方で、課題も感じ取ってきた。

津賀校長は教育の場から、こう語る。

「食べていける、一定の生活水準を持てるから、教壇に立っていても、総じて勉強を頑張らないというか、競争心がないところを感じました。親御さんもそこまで進学させようとか欲がない。なんとかやっていけたわけです。でも、教育委員会にいた頃に少し感じたことがあって、例えば県内の企業さんの中には、地元の子どもよりも東北からの採用を優先しているところがありました。地元から就職しようとする子どもと東北から来てまで就職しようとする子どもに差があると捉えていたからでしょう。それでも食べていけてしまう環境が（茨城には）あるとはいえ、そこは課題として思っていました」

農産水産部職員はこう見ている。

「人が生活する環境となったら穏やかですごくいい環境なので、のんびりしてしまう可能性というのはあるかもしれません。

のんびりすることは悪いことじゃないけれども、もしかするといろいろな競争が起こる社会の中、人口減少と産業構造の変化が起こるときに、どう適切なアプローチができるかという点があるかもしれません」

恵まれた県であるからこそ、そこに満足してきた、甘んじてきた面があったことを示唆しているようだ。ポテンシャルがあるからこそ、そのポテンシャルを活かせないきらいがあった。そもそもポテンシャルが豊かにあることに気づいておらず、だから活かすことができなかったのかもしれない。

幸福度Ｎｏ．１になるポテンシャルはある。世界を目指すのもただの絵空事ではない土台がある。

ただ、幸福度Ｎｏ．１、世界に注目される自治体になるためには、ある条件がクリアされる必要がある。

県計画「第2次茨城県総合計画～「新しい茨城」への挑戦～」の「県民幸福度Ｎｏ．１への挑戦」とその記述に続き、こう記されている。

「県民とともに挑戦する「新しい茨城」づくり」

●国、市町村、民間企業、関係団体など多様な主体との緊密な連携のもと、県民の皆さんとともに「新しい茨城」づくりに挑戦します。

●前例にとらわれない発想により、失敗を恐れず果敢に挑戦することで、県民の皆さんとともに新しい時代を切り拓いていきます。

県民とともに挑戦する――先導されているばかりでなく、受け身でいるだけでなく、主体的に、変わろう、挑戦しようという意識を持った人が増え、その取り組みが重なって、たどり着くことができる。

道は敷かれようとしている。

いや、道は敷かれ、今、進んでいる最中だ。

すでに茨城県は大きく変化を遂げた。「いばらき幸福度指標」で10位と上位であっただけではない。

2023年4月にまとめられた（随時更新）「第2次茨城県総合計画〈主要指標等実績一覧〉」（巻頭参照）には、茨城県が達成した成果が網羅されている。

- **県外企業立地件数…全国で6年連続1位**
- **過去5年間の荒廃農地再生面積…全国で1位**
- **医学生向け教育ローン利子補給金…全国初**
- **農産物の輸出額…6年で10倍**
- **2年連続で茨城県への転入…超過**

ここに記したものは、成果の一部に過ぎない。

全国でトップクラスの順位にあるもの、全国初であるもの、あるいは設定された期間で大きく数字を伸ばしているものなど、枚挙にいとまがない。

これらの成果、変化を生み出したのは、日本の将来を見通し、危機感を自覚してまさに肌身で感じ取り、その中で生き残り発展していくために大きな改革に乗り出したリーダーの存在と、そのもとで懸命に取り組む県職員、携わる人々がいてこそにほかならない。

ナンバーワンになるための扉は開かれている。そのポテンシャルがあることも示している。

茨城県はまさに変化を遂げ、世界を目指し進んでいる。

いばらき幸福度指標

「日本一幸せな県」の実現に向けて指標を設定

いばらき幸福度指標とは

県では、県民一人ひとりが未来に希望を持つことができ、自身のなりたい自分像に向かって一歩でも二歩でも近づいていけるよう、挑戦を続けられることが幸せな状態だと考えます。

そのような環境の整備・充実状況について、県民生活と関係が深く、個人の幸福と相関があるとされる政府統計データなど38指標により、定量的に把握することとしました。

今後、この指標により、「活力があり、県民が日本一幸せな県」の実現に向けて政策の方向性を検討するとともに、全国との相対的な比較を行い、指標を通して本県の豊かさや暮らしやすさなどを県民の皆さんと共有していきます。

ロゴマーク

本指標を分かりやすくPRするため、「四葉のクローバー」を幸福のモチーフにロゴマークを作成しました。

どんな指標があるのか

総合計画に掲げる4つのチャレンジごとに特色となるキーワードを抽出し、関連する38指標を設定しました。

今後の社会情勢の変化などを踏まえ、不断の見直しを行っていきます。

新しい豊かさ

- 雇用者報酬（雇用者1人当たり）
- 正規雇用率
- 県民所得（県民1人当たり）
- 工場立地件数
- 労働生産性（1時間当たり）
- 農林水産業の付加価値創出額（県民1人当たり）
- 外国人宿泊者数
- 国内旅行者数
- CO_2排出量（県民1人当たり）
- 一般廃棄物リサイクル率

新しい安心安全

- 医師数
- 看護職員数
- 介護職員数（いずれも県民10万人当たり）
- 介護・看護を理由とした離職率
- 自殺者数（県民10万人当たり）
- 健康寿命
- 障害者雇用率
- 刑法犯認知件数（県民千人当たり）
- 自主防災組織カバー率
- 自然災害死者・行方不明者数

新しい人財育成

- 子どものチャレンジ率
- 大学進学率
- 学力
- 教員のICT活用指導力
- 合計特殊出生率
- 待機児童率
- 教養・娯楽（サービス）支出額
- 都道府県指定等文化財件数
- 子どもの運動能力
- パートナーシップ制度人口カバー率
- 女性の管理職登用率
- 人権侵犯事件件数（県民1万人当たり）
- 実労働時間

新しい夢・希望

- 留学生数（県民10万人当たり）
- 起業率
- 本社機能流出・流入数
- 若者就職者増加率
- デジタルガバメント率（市町村）

※掲載している指標については、計画策定時（R4.3）のものであり、最新の指標については、県ホームページをご覧ください。

茨城の魅力・価値・豊かさを活かす

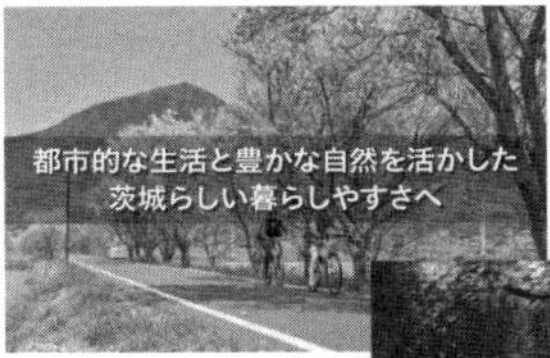

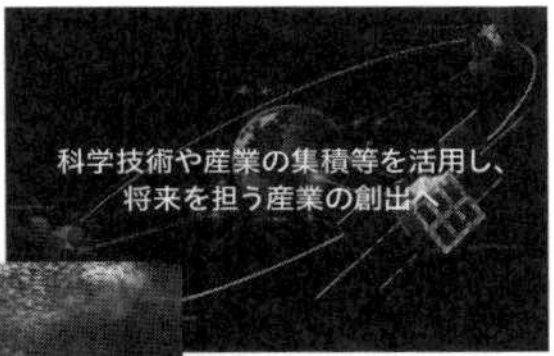

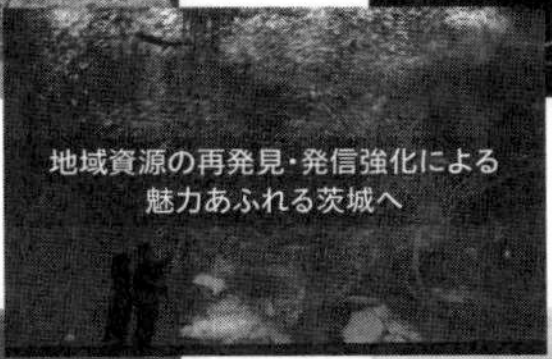

～「新しい茨城」への挑戦～で目指すもの

基本理念「 活力があり、県民が日本一幸せな県 」

時代の変化に的確に対応し、これからの茨城を更に切り拓いていくためには、本県の持つポテンシャルを最大限に活かし、茨城のあるべき姿を見据え、これまでの常識にとらわれず、新たな発想で果敢に挑戦していかなければなりません。

県民の皆さんが、未来に希望を持つことができ、自由で新しい発想のもと、自身のかなえたい夢に向かって挑戦を続けられることが、県民が日本一幸せな県につながっていくものと考えます。

未来を切り拓くための4つのチャレンジ

ウィズコロナ・ポストコロナ時代を見据え、本県のポテンシャルを最大限活かしながら県民の皆さんが「豊かさ」を享受し、「安心安全」な生活環境のもと、未来を担う「人財」が育まれ、「夢・希望」にあふれた「新しい茨城」づくりに取り組み、基本理念に掲げる「活力があり、県民が日本一幸せな県」の実現に向け、4つの「チャレンジ」を推進します。

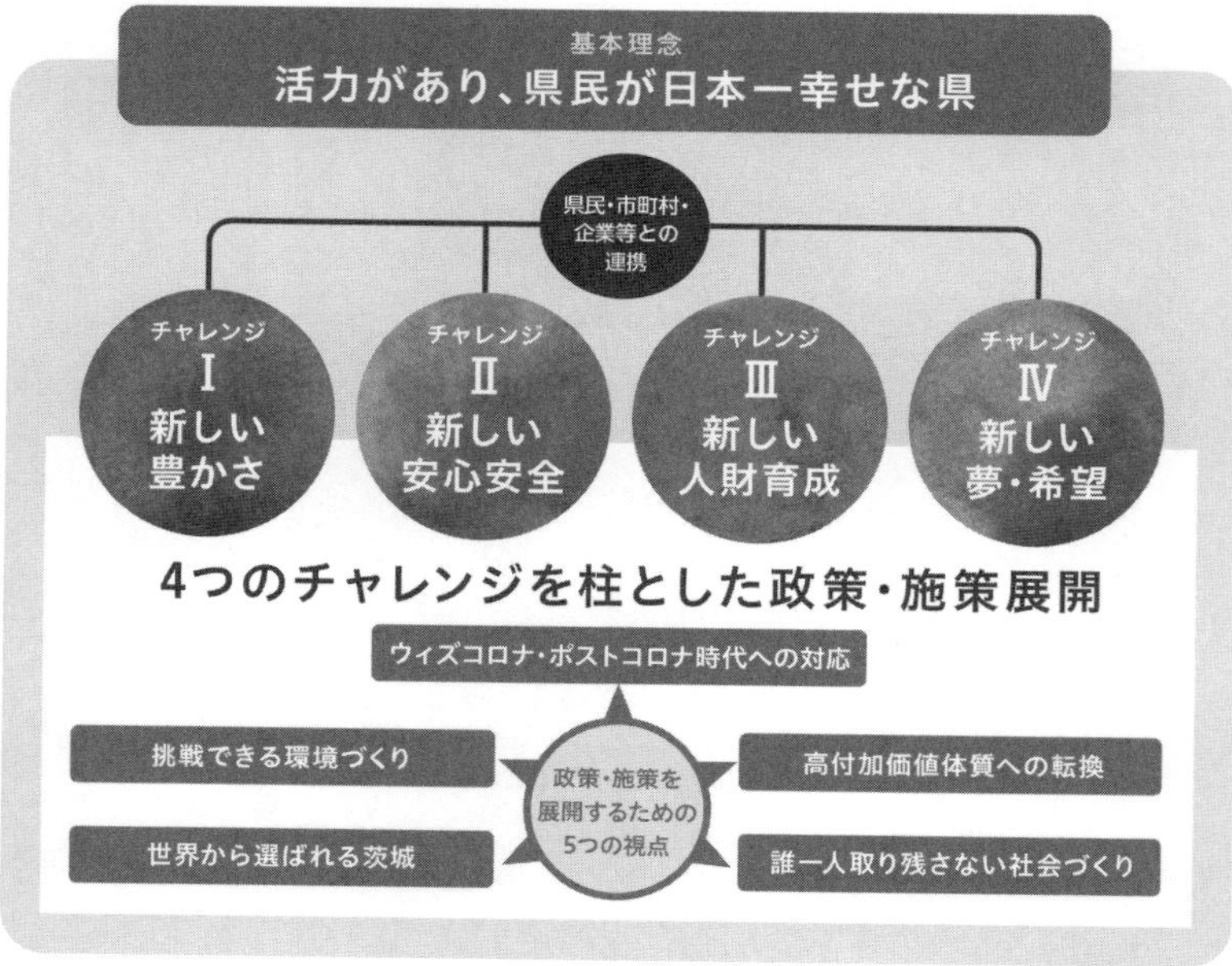

視点：「挑戦できる環境づくり」

県民誰もが、自身のかなえたい夢に向かって果敢に挑戦できる環境をつくります。

視点：「高付加価値体質への転換」

本県のポテンシャルや地域資源を再発見し、磨き上げることで、更に価値を高め、「儲かる」仕組みをつくります。

視点：「世界から選ばれる茨城」

グローバル社会が進展する中でも、世界から選ばれるように、あらゆる分野で本県の存在感を高めていきます。

視点：「誰一人取り残さない社会づくり」

性別・国籍・家庭環境等に関わらず誰もがいきいきと暮らせる社会を築きます。

視点：「ウィズコロナ・ポストコロナ時代への対応」

新型コロナウイルス感染症によって変化したライフスタイルや価値観に対応した施策を推進します。

次のページから4つのチャレンジをご紹介します

チャレンジ I

新しい豊かさ

力強い産業の創出とゆとりある暮らしを育み、
新しい豊かさを目指します。

1 質の高い雇用の創出

■成長分野等の企業の誘致
■新たな産業用地の確保及び企業立地の加速化
■産業を支える人材の育成・確保

2 新産業育成と中小企業等の成長

■先端技術を取り入れた新産業の育成と新しい産業集積づくり
■活力ある中小企業・小規模事業者の育成

3 強い農林水産業

■農林水産業の成長産業化と未来の担い手づくり
■県食材の国内外への販路拡大
■農山漁村の活性化

4 ビジット茨城～新観光創生～

■稼げる観光地域の創出
■インバウンドの取り込み

5 自然環境の保全・再生

■湖沼の水質浄化と身近な自然環境の保全
■サステナブルな社会づくり

これまで（前計画期間：2018～2021）の成果

- 全国トップクラスの補助制度の創設などにより、成長分野の本社機能等の誘致を強力に進めた結果、多くの最先端分野の本社・研究開発拠点の立地を実現
- 1億円以上の資金調達をしたベンチャー企業数が2018年度からの3年間で延べ13社となり、目標値8社の1.6倍を達成
- 作付面積が100haを超える大規模水稲経営体を2018年度からの4年間で3経営体育成するとともに、需要が高いかんしょの作付面積を312ha拡大（2019～2020累計値）
- 県有施設「茨城県フラワーパーク」を、民間事業者の発想や経営ノウハウを取り入れた魅力的な観光施設としてリニューアルオープン（2021年4月）
- 2020年度の霞ヶ浦のCODは7.3mg/Lと、霞ヶ浦に係る湖沼水質保全計画の目標値（7.4mg/L）を達成

チャレンジ
Ⅱ

新しい安心安全

医療、福祉、治安、防災など
県民の命を守る生活基盤を築きます。

6 県民の命を守る地域保健・医療・福祉

■医療・福祉人材確保対策
■地域における保健・医療・介護提供体制の充実
■精神保健対策・自殺対策
■健康危機への対応力の強化

7 健康長寿日本一

■人生百年時代を見据えた健康づくり
■認知症対策の強化
■がん対策

8 障害のある人も暮らしやすい社会

■障害者の自立と社会参加の促進
■障害者の就労機会の拡大

9 安心して暮らせる社会

■地域の日常生活の維持確保とコミュニティ力の向上
■安心な暮らしの確保
■犯罪や交通事故の起きにくい社会づくり

10 災害・危機に強い県づくり

■災害・危機に備えた県土整備や危機管理体制の充実強化
■原子力安全対策の徹底
■健康危機への対応力の強化

これまで（前計画期間：2018～2021）の成果

- 「最優先で医師確保に取り組む医療機関・診療科」を選定し、第1次目標では必要医師数14人に対し13.1人を確保（2020）。第2次目標7.5人については、4.2人を確保（2022.2現在）
- 働く世代の健康づくりに向け、県公式健康アプリ「元気アップ！りいばらき」の運用を開始（2019）
- 障害者がスポーツや文化芸術活動等に参加できるよう、障害者スポーツ教室や絵画等の作品展示を行うナイスハートふれあいフェスティバルを開催
- 刑法犯認知件数は、16,301件（2020）で、2003年から18年連続で減少
- 個人の防災行動計画となるマイ・タイムラインについて、1,711人の作成を支援（2018～2020）するとともに、誰でもweb上において作成可能なシステムを開発

チャレンジ
III

新しい人財育成

茨城の未来をつくる「人財」を育て、日本一子どもを産み育てやすい県を目指します。

11 次世代を担う「人財」

■「知・徳・体」バランスのとれた教育の推進
■新しい時代に求められる能力の育成
■地域力を高める人財育成

12 魅力ある教育環境

■時代の変化に対応した学校づくり
■次世代を担う「人財」の育成と自立を支える社会づくり

13 日本一、子どもを産み育てやすい県

■結婚・出産の希望がかなう社会づくり
■安心して子どもを育てられる社会づくり
■児童虐待対策の推進と困難を抱える子どもへの支援

14 学び・文化・スポーツ・遊びを楽しむ茨城

■生涯にわたる学びと心豊かにする文化・芸術
■スポーツの振興と遊びのある生活スタイル

15 自分らしく輝ける社会

■多様性を認め合い、一人ひとりが尊重される社会づくり
■女性が輝く社会の実現
■働きがいを実感できる環境の実現

これまで（前計画期間：2018～2021）の成果

●本県の生徒がワールドスカラーズカップ決勝大会で金メダルを獲得するなど国際大会で活躍
●2020～2022年度の3年間で新たに10校の中高一貫教育校を順次設置し「学びの質」を向上させるとともに、2023年度に新たに県内初の科学技術科や全国初（公立校）のIT科を設置するなどの県立高等学校改革プラン実施プランI期を公表（2019、2020）
●いばらき出会いサポートセンターを中心とした結婚支援事業を展開した結果、成婚者数が増加（2017：1,930組→2020：2,352組）
●第74回国民体育大会「いきいき茨城ゆめ国体」において、これまでの競技力強化の成果により、天皇杯・皇后杯を獲得
●政策方針決定過程の女性の参画促進を進め、法令設置審議会等委員の女性割合が増加（2017：30.7%→2020：36.0%）

チャレンジ Ⅳ

新しい夢・希望

将来にわたって夢や希望を描ける県とするため、
県内外から選ばれる、魅力ある茨城（IBARAKI）づくりを推進します。

茨 ひより
（県公認Vtuber）

16 魅力発信No.1プロジェクト

■「茨城の魅力」発信戦略
■県民総「茨城大好き！」計画

17 世界に飛躍する茨城へ

■世界に広がるIBARAKIブランド
■世界に挑戦するベンチャー企業の創出（茨城シリコンバレー構想）

18 若者を惹きつけるまちづくり

■若者に魅力ある働く場づくり
■若者を呼び込む茨城づくり

19 デジタルトランスフォーメーション（DX）の推進

■先端技術による社会変革やデータの活用の加速化
■スマート自治体の実現に向けた取組の推進

20 活力を生むインフラと住み続けたくなるまち

■未来の交通ネットワークの整備
■人にやさしい、魅力あるまちづくり

これまで（前計画期間：2018～2021）の成果

- 首都圏メディア等に向けた積極的なパブリシティ活動やアンテナショップにおける県産品のPR強化、自治体初となる公認Vtuber茨ひよりを起用した、いばキラTVでのコンテンツ配信などを実施
- 海外における販売促進活動やビジネスマッチング等の販路開拓の取組により、農林水産物及び県支援企業の輸出額（2017：90.8億円→2020：102.7億円）や、県の支援により成約した輸出商談件数が増加（2017：38件→2020：122件）
- 2020年に「スタートアップビザ制度」を導入し、海外の優れた技術や人材の誘致を進めた結果、外国人起業家が宇宙ロケット開発会社を設立
- 「茨城県オープンデータカタログサイト」の公開データ数を拡充（2018年３月：186データセット→2021年３月：530データセット）
- 茨城港常陸那珂港区におけるコンテナ取扱貨物量が増加し、過去最高を達成（2017：29,827TEU→2020：47,539TEU（暦年））

未来に希望の持てる新しい茨城づくりに向けて

これまでとは全く環境が異なる、将来の予測が困難な「非連続の時代」を迎える中、
「活力があり、県民が日本一幸せな県」を実現するため、時代の変化に柔軟かつ的確に対応し、これまで以上に、
前例踏襲や横並びの意識を打破し、失敗を恐れず、新たな施策に積極果敢に挑戦する県庁に変革します。

基本方針	「挑戦する県庁」への変革
基本姿勢	県民本位 ▶ 「県民のためになっているか」を常に考え、政策を実行します。
	積極果敢 ▶ 横並び意識を打破し、失敗を恐れず積極果敢に挑戦します。
	選択と集中 ▶ 目的を見据えて選択と集中を徹底し、経営資源を最大限効果的に活用します。

上記の基本方針と基本姿勢のもと、「活力があり、県民が日本一幸せな県」の実現に向けた施策展開を支える基盤として、「Ⅰ 挑戦できる体制づくり」「Ⅱ 未来志向の財政運営」の2つの取組を今後も行財政運営の柱に各種施策を積極的に推進し、全職員が一丸となり、県庁の変革にチャレンジしていきます。

取組Ⅰ
挑戦できる体制づくり

●「人財」育成と実行力のある組織づくり
新たな発想で、固定観念にとらわれず、自ら変わる勇気を持って、挑戦することができる職員の育成や組織づくりを進めます。

●スマート自治体の実現に向けたデジタルトランスフォーメーション（DX）の推進
職員が真に県民や県政発展のための必要な仕事に注力できるよう、業務改革や人財の育成に取り組むとともに、県民サービスの充実を図ります。

●働き方改革の推進
「いつでもどこでも」効率的に仕事に取り組み、職員が心身ともに健康で、ワーク・ライフ・バランスを確保しながら、意欲を持って、県民のために必要な仕事や現場に密着した仕事に注力できる環境づくりを進めます。

●多様な主体と連携した県政運営
企業・大学・NPO・市町村などの多様な主体との連携を強化し、「オール茨城」で挑戦します。

取組Ⅱ
未来志向の財政運営

●戦略的な予算編成と健全な財政構造の確立
将来世代の受益につながる事業に大胆に取り組むとともに、スクラップ・アンド・ビルドの徹底などにより限られた財源の有効活用を図り、本県が将来にわたって発展していくための健全な財政構造を確立します。

●出資団体改革の推進
出資団体が効率的かつ効果的に運営され、その結果、地域の振興及び県民生活の向上を促進し、県民が更なる「豊かさ」を享受できるよう、出資団体改革を着実に推進します。

松原孝臣

フリーライター、編集者
1967年東京都生まれ。早稲田大学を卒業後、出版社に勤務、その後フリーで活動したあと、文藝春秋で10年勤務し再びフリーに。主な著書に『高齢者は社会資源だ』（ハリウコミュニケーションズ）、『フライングガールズ　高梨沙羅と女子ジャンプの挑戦』（文藝春秋）、『メダリストに学ぶ前人未到の結果を出す力』（クロスメディア・パブリッシング）など多数。

茨城《いばらき》はこうして変《か》わった
幸福度《こうふくど》No.1プロジェクトの舞台裏《ぶたいうら》

2023年9月27日　初版発行

執筆／松原孝臣《まつばらたかおみ》
取材協力／茨城県《いばらきけん》
発行者／山下直久
発行／株式会社KADOKAWA
〒102-8177　東京都千代田区富士見2-13-3
電話0570-002-301（ナビダイヤル）
印刷所／大日本印刷株式会社
製本所／大日本印刷株式会社

●お問い合わせ
https://www.kadokawa.co.jp/（「お問い合わせ」へお進みください）
※内容によっては、お答えできない場合があります。
※サポートは日本国内のみとさせていただきます。
※Japanese text only

定価はカバーに表示してあります。

ISBN 978-4-04-606506-3 C0036